U0917725

文创产品开发与创新设计实践

王红艳◎著

陕西师范大学出版总社　西安

图书代号 SK24N2571

图书在版编目（CIP）数据

文创产品开发与创新设计实践 / 王红艳著. -- 西安 : 陕西师范大学出版总社有限公司, 2024. 12. -- ISBN 978-7-5695-5466-3

Ⅰ. G124

中国国家版本馆 CIP 数据核字第 20255G4A07 号

文创产品开发与创新设计实践

WENCHUANG CHANPIN KAIFA YU CHUANGXIN SHEJI SHIJIAN

王红艳　著

特约编辑　葛晓晨
责任编辑　刘梦楠　王元凯
责任校对　郅　然
封面设计　知更壹点
出版发行　陕西师范大学出版总社
（西安市长安南路 199 号　　邮编　710062）
网　　址　http://www.snupg.com
印　　刷　三河市南阳印刷有限公司
开　　本　710 mm×1000 mm　　1/16
印　　张　11
字　　数　220 千
版　　次　2025 年 6 月第 1 版
印　　次　2025 年 6 月第 1 次印刷
书　　号　ISBN 978-7-5695-5466-3
定　　价　72.00 元

读者使用时若发现印装质量问题，请与本社联系、调换。
电话：（029）85308697

作者简介

王红艳，女，1981 年出生，延安大学经济与管理学院旅游管理专业副教授，硕士研究生导师。研究方向为红色旅游、旅游经济等。主要教授旅游管理专业“餐饮管理”“旅游规划”“旅游学概论”等课程；主讲的“餐饮管理”课程被评为国家级线上线下混合式一流课程。2021 年获延安市首批“圣地英才青年文旅人才”称号。发表《红色旅游对红色文化认同的影响机理研究——基于敬畏情绪的中介》《基于空间错位理论的陕西省旅游资源与入境旅游质量研究》等文章 20 余篇；主持参与“陕西省 3A 旅游景区门票定价模型研究”“互联网思维下延安智慧旅游建设研究”等各级各类项目 20 余项。

前　言

近年来，随着社会的进步和经济的发展，人们的物质生活水平不断提高，对精神文化层面的需求也呈现出多元化和个性化的趋势。这种趋势为文创产品的发展提供了广阔的市场和无限的可能。文创产品因其独特的外观、深厚的内涵及高附加值的特性，深受消费者的喜爱。文创产品与传统品牌产品有着明显的区别，它们不受传统品牌形象的限制，更加注重设计师的创意和消费者的实际需求。从服装、餐具、文具、玩具到家居饰品等，文创产品种类繁多，形式各异。这些文创产品在图案设计、材料选择、工艺制作等方面都做到了文化和创意的完美结合。然而，这并不意味着文创产品的发展已经达到顶峰，人们可以通过突破现有的审美观念、深入挖掘传统文化内涵、尝试新的艺术表现形式等方式，为文创产品注入更多的活力和魅力。另外，文创产品不仅仅是商品，更是一种文化传承和表达的方式。设计师在进行文创产品设计时，需要从多个角度进行思考和创新，需要深入挖掘文化、民族和地域等元素，寻找具有代表性的特色文化符号，并将其巧妙地融入产品的设计和制作过程中。基于此，本书围绕文创产品开发与创新设计展开论述。

本书共五章。第一章为绪论，主要从五个方面进行阐述，依次是文化创意与文化创意产业、文创产品的内涵与外延、文创产品的基本特征、文创产品的分类、文创产品的表达；第二章为文创产品的设计，主要从五个方面进行阐述，依次是文创产品设计的构成要素、文创产品设计方法、文创产品设计路径、文创产品设计原则、文创产品设计的基本流程；第三章为文创产品设计中的文化体现及文创产品设计现状与发展趋势，主要从两个方面进行阐述，分别是文创产品设计中的文化体现、文创产品设计现状与发展趋势；第四章为文创产品设计开发的资源与工艺，主要从两个方面进行阐述，依次是文创产品设计开发的资源、文创产品设计开发的工艺；第五章为文创产品的品牌策划与营销推广，主要从两个方面进行阐述，依次是基于地域文化的文创产品的品牌策划、文创产品的品牌营销推广；第六章为文创产品的创新设计，主要从三个方面进行阐述，依次是创新是文创产品的灵魂、文创产品设计的创意思维、传统文化在文创产品开发设计中的创意转化。

在撰写本书的过程中，笔者得到了许多学者的帮助和指导，参考了大量的学术文献，在此表示真诚的感谢。由于笔者水平有限，书中难免会有疏漏之处，希望广大同行及时指正。

目录

第一章　绪论

第一节　文化创意与文化创意产业

一、文化创意的定义

文化创意，简称文创，指的是融合文化元素与多元化文化观念，通过跨领域知识整合和多样化媒介应用，进行文化重塑与创新的过程。文化创意是伴随着文明的出现而出现的，与人类制陶、编结、种植、畜养、战争、祭祀、装饰等社会活动相互关联。

二、文化创意产业的内涵

文化创意产业，又叫创意产业、创造性产业、创意经济、文化产业、文创产业等。文化创意产业是在经济全球化的背景下兴盛起来的，它脱胎于知识经济，推崇个人创造力，强调文化艺术对经济的支持与推动作用。

20 世纪 90 年代，文化创意产业理念开始出现，很快演化成了一种全新且全面的发展理念。这种理念着重于一个观点：在当前的经济体系中，最核心的财富来自人类的创造性思维、丰富的知识、独特的文化背景、精湛的技艺及不断创新的能力。创意力量作为这些因素的综合体现，根植于人类的智慧，并具备持续推出新产品、新服务，以及拓展新市场和创造新就业岗位的强大力量，成了推动经济和社会进步的重要引擎。

文化创意产业覆盖了众多领域，包括但不限于媒体与传播、视觉艺术、时尚设计、软件与计算机服务等。该产业借助先进科技手段开拓与增强文化资源，通过保护知识产权来实现产品创新与产品价值增长，进而制造出高附加值的产品，为社会带来了财富，为人们创造了更多就业机会。

三、文化创意产业的发展及分类

（一）文化创意产业的发展

英国作为全球首个提倡并通过支持创意产业发展相关政策的国家，有着深厚的工业革命历史底蕴，其工业水平一度领先于其他国家。然而，到了 20 世纪 80 年代，英国工业发展停滞，地位相对下滑，失去了全球制造业霸主的地位。面对国家经济转型的挑战、企业产业结构的调整需求及人民日益增长的就业需要，1997 年 5 月，时任英国首相托尼·布莱尔提出并主导了一项针对创意产业发展的措施，成立了一个专门的工作组。紧接着在 1998 年，英国政府发布了具有里程碑意义的《创意产业路径文件》，该文件首次明确界定了创意产业的概念，强调创意产业以个体的创造力、专业技能和天赋为基础进行发展，能通过知识产权的保护与应用创造出经济价值和就业机会。根据此定义，英国政府将包括广告、建筑、艺术与文物交易、手工艺、工业设计、时尚设计、电影、互动娱乐软件、音乐、表演艺术、出版、计算机软件与游戏，以及广播与电视在内的十三个行业界定为创意产业的组成部分。同时，文化遗产和旅游业也被视为与创意产业紧密相连的重要领域。伦敦东北部的克勒肯维尔如今已是英国著名的艺术区域，吸引了几百家设计企业进驻，这里有一流的音乐厅、剧院、展览馆、电影院与博物馆，这里的艺术中心会不定时举办先锋展览、行为艺术展及另类装置展。

此后，创意产业获得了国际专家的普遍重视。根据不同国家的发展蓝图、地区特征、文化方针及行业动向，国际专家给创意产业下了多种定义。以英国为例，被视为创意经济先锋人物的约翰·霍金斯给了创意产业独到的定义，他认为创意产业包括所有受知识产权法律保护的经济活动领域。知识产权主要包括三个主要类别：专利、著作、商标。霍金斯强调，每种知识产权都对应特定的产业领域，而这些领域的结合构成了创意产业。继此之后，国际上陆续出现了版权产业、文化产业、休闲产业、体验经济、注意力经济等多种相关定义，进一步扩展了创意产业的含义。

随着 21 世纪的到来，体验经济成了社会经济的重要组成部分。这一变化反映了人们不再仅仅追求物质上的满足，而更加注重情感和精神层面的充实。这样的转变促使社会深度关注产品的文化内涵与体验价值，不仅提升了产品的市场竞争力，也有助于文化的传承。随着体验经济的发展，社会对于丰富人们体验的产品的需求日益增长，为将体验作为设计核心的文创产品提供了较多的发展机会。

与此同时，我国已经清晰地界定了文化创意产业的概念及其范围，并明确了发展这一产业的主要目标，这标志着我国已将文化创意产业定位为实现文化创新的关键组成部分，并对其进行了综合性的规划与部署。

由于不同国家和地区在经济、社会发展水平及文化背景方面存在差异性，导致其对创意产业的概念及内涵的理解也存在显著的不同。虽然目前还没有形成一个被广泛接受的统一定义，但文化创意产业的核心要素在很大程度上是一致的。核心要素之一是创意，它是文化创意产业的“心脏”。文化创意产业作为知识经济的重要组成部分，凸显了人的创新能力、专业技能和天赋在文化艺术产品及其他知识性、智能型产品生产活动中的关键作用，构建了一个基于智力资本的产业模式，即“知识型经济”或“智能经济”。核心要素之二是文化，它赋予了文化创意产业灵魂。创意不单从文化中汲取灵感，还在此基础上，通过创新性地开发、利用文化资源，以文化对经济和社会的深远影响为依托，推动了各产业领域对文化价值的进一步探索。有了文化的深度融合，创意产业展现出独有的魅力、格调和市场竞争力，形成了“创意＋文化”的独特融合体。进一步而言，科技是文化创意产业不可或缺的支撑。作为数字时代的产物，该产业深度依赖现代科技的发展，特别是信息技术和网络技术的支持，创意产品无论在创造过程中，还是在传播过程中，都与高科技紧密结合，铸就了“人的智慧＋文化艺术＋科技创新”的独特融合形态。

综上所述，文化创意产业的实质是一种跨时代的产业形态，它以文化和创意为基础，孕育了较多的新产品、新服务、新市场及新就业机遇，极大地增强了整个市场的活力。

（二）文化创意产业的分类

在探讨文化创意产业的全球发展格局时，可以发现不同国家根据自身的经济发展状况和文化特色，制定了多样化的策略和分类方法。这种多样化反映了各国对于文化创意产业重要性的认识及推动这些产业发展的手段。

1. 英国

英国是首个提出“创意产业”这一概念的国家，它将文化创意产业细分为十三个不同的领域，包括广告、建筑、艺术与文物交易、手工艺、工业设计、时尚设计、电影、互动娱乐软件、音乐、表演艺术、出版、计算机软件与游戏以及广播与电视。这种划分的独到之处在于，它不仅突出了以创意和设计为核心的文创产品的特色，也强调了依托于高科技的现代文化创意产业的特点。

2. 美国

在美国，文化创意产业被定义为“版权产业”，细分为四个主要类别。

第一，核心版权产业，涵盖了版权作品或其他作品的创作、制作、表演、展示、传播、推广，以及发行和销售等环节。这一类别主要包括图书出版、文学创作、音乐和戏剧制作、舞蹈、电影和电视录制、摄影等行业。

第二，跨版权产业，指的是生产、制造和使用版权产品的产品，主要涉及电视机、收音机、录音设备、激光播放器、答录机、视频游戏设备等产品的制造和批发零售。

第三，部分版权产业，如服装、纺织品、鞋类、珠宝、其他手工艺品、家具、家居用品、瓷器、玻璃制品、壁纸、地毯、玩具、游戏、建筑、工程、测绘、室内设计、博物馆等。

第四，边缘版权产业，涉及其他版权作品或创作物的推广、传播、发行或销售，是不被划入核心版权的产业，包括大众运输服务、电信和网络服务等。

美国的这种分类强调了在文创产品的设计、生产和市场营销过程中，知识产权的核心地位。

3. 日本

日本政府将文化创意产业细分为动画产业、休闲产业和时尚产业这三个主要部分。特别值得一提的是，动画产业因其独特的吸引力及在全球范围内的影响力，在这些类别中占据了突出的地位。有关数据显示，日本制作的动画节目曾在全球多个国家播放，欧洲国家所占比例很大。这展示了日本文化创意产业在跨文化传播方面的独特优势和影响力。

4. 中国

《北京市文化创意产业分类标准》的出台，标志着我国开始尝试对国内文化创意产业进行分类。该标准借鉴了国际上许多国家的分类方法，从产业链扩展和优化的视角出发，将中国的文化创意产业细分为九大类目，涵盖了文化艺术、新闻出版、广播电视、电影、软件、互联网与计算机服务等多个领域。这种细分有助于文化创意产业清晰定位发展方向和目标，同时促进了文化创意产业理论研究与实践应用的有效结合，为文化创意产业的持续健康发展提供了坚实的理论和实践基础。

第二节　文创产品的内涵与外延

一、文创产品的内涵

（一）产品的内涵

产品的设计及创新旨在满足消费者的广泛需求与追求。在产品设计过程中，设计师会将消费者需求与追求融合在一起，使其成为一个整体，而这个融合而成的整体也可以被称为产品的全貌。产品的全貌是按照从内到外的分层原则来组织的，包括几个重要的层面。首先是“核心产品”层面，它关注的是产品向消费者提供的基本价值与服务，要满足消费者的根本需要。其次是“形式产品”层面，它关注的是产品如何通过其品质、设计、功能、品牌及包装等方面来满足消费者的基本需求。再次，“期望产品”层面涉及消费者对产品的预期，说明了产品满足消费者需求的能力。然后，“延伸产品”层面关注的是购买产品时消费者额外获得的好处，这通常是作为附加服务免费提供的。最后，“潜在产品”层面关注的是产品未来的发展方向，展示了产品为消费者带来的潜在益处。

（二）文化产品和文化产业

原先，“文化”一词主要用来描述耕种土地和栽种植物的行为，但随时间的推移，它的含义已经发生了显著变化，不再局限于农耕活动，而是进一步泛指了对人的全面培养和人身心发展的过程。在中国古代文献中，文化常常与文学的教化功能及其对人的启发作用紧密相连。历经社会变革与时代更新，“文化”一词所承载的含义越发丰富和深远。不同领域的学者对文化的理解和定义存在着不同的观点。有观点认为，文化是一种有着独特内在结构的复合体，可以从宽泛和限定两个视角进行考量。在宽泛意义上，文化包罗万象，涵盖了人类生产的所有物质与精神成果，反映了人类对自我、社会及自然界的认知和改造，是人类演化过程的一个缩影；从限定视角来看，文化则专指由人的精神活动所产生的思想和理念。无论是从哪种角度来看，文化的本质都在于展现人们的价值观和思维方式。无论是从国内外文化创意产业的发展现状来看，还是从文创产品营销相关领域来看，此处讨论的“文化”主要指的是狭义上的精神产品或文化符号。因此，文化产品泛指那些能吸引公众注意、供人使用或消费、满足人们精神需求的有形或无形的服务和产品。相对地，文化产业则是指那些以工业化方式生产文化符号或精神产品，旨在满足人们精神消费需求的企业或组织的总称。

（三）创意和创意产业

文创产品中的“创”有多重含义，而在人们日复一日的生活里，“创意”一词不断浮现。实际上，创意与创造力之间存在一定的联系，其携带着突破传统思维和观念的独特魅力，内涵丰富，既包括创新性也融合了审美价值。当这一概念与具体行业融合时，其理论意义产生的影响便尤为深远。创意与产品及产业存在密切联系，推动了产业工业化和商业化进程的创新。

二、文创产品的外延

在当代经济架构中，文创产品囊括了那些建立在文化及创意基础上的具体产品与服务。这个观点清楚划定了文化创意领域的产品和服务的范围，进而明确了该行业的界限。这些产品和服务不仅反映了文化与创意产业的多样性，还体现了创意过程、设计理念、产品研发、市场推广及消费体验的独特魅力。文创产品从最初的设计构想到最终的市场呈现，贯穿了生产到消费的全过程，彰显了其独有的价值和意义。这些产品既是文化传播的渠道，也是推动经济发展的关键力量。此外，全球各个国家和地区因文化环境、经济状况和社会需求的不同，在定义文化创意产业的内容时运用了不同的视角和准则。这种多元化不仅使各个国家与地区对文创产品的分类和认知出现了差异，同时也为跨文化对话和国际协作创造了宝贵的空间和机遇。据此来看，文创产品的归类是一个动态的、不断进化的过程，它依赖文化背景、国别特色及市场动向的持续调整。这一动态分类法旨在深化人们对文化创意行业潜能的洞察和应用，激发创新与创造力的展现，满足不同市场和消费群体的多元化需求。

结合文创产品在产业链中的位置及其创新程度，本书将它们分为三个类别：核心文创产品、周边文创产品及延伸文创产品。此分类方法使得文创产品在满足消费者精神需求和文化需求过程中的定位更为明确。

（一）核心文创产品

核心文创产品是文化创意产业的核心，覆盖了新闻、出版、电影、广播和文化表演等领域，核心文创产品不仅是原创思想和文化价值的载体，也是推动社会文化进步和满足人们对深层精神需求的关键力量，直接满足了消费者对精神文化生活的核心需求。

（二）周边文创产品

周边文创产品着重于创意的应用和实践转化，覆盖了音视频制作、软件开发、网络技术、电信、设计（工业与建筑设计）、广告、旅游、时尚及体育娱乐等多个领域。通过将文化和创意融入人们生活的方方面面，周边文创产品解答了人们如何在实际生活中追求理想和满足精神需求的问题，形成了文创产品体系中的一个重要层次，连接着核心文创产品与消费者的日常生活。

（三）延伸文创产品

延伸文创产品反映了文创产品创意扩展性和包容性的特点，主要包括园林景观设计、展览服务、工艺美术、商业咨询及文化设施等。延伸文创产品通过增加消费者的文化体验，让消费者在精神享受的同时获取了更多物质效益。随着社会对延伸文创产品的积极评价不断增加，它们不断更新和演变，成了文创产品体系中的预期和潜在层次，为消费者带来了更多的新体验。

对文创产品的细分旨在便于设计师紧密结合中国经济的增长现状及民族文化独特性，逐步推动文化创意产业的发展。这种方法不仅指导着从业者确定产业的发展方向、目标和策略，还促进着设计师在理论层面深入理解文化创意产业复杂且多元的内部联系及其规律，为文创产品营销相关领域的发展提供了坚实的理论支撑。

就内容而言，相关研究者需具体阐明文创产品在社会各个方面的存在意义。从广义上讲，结合各民族区域的文化特色和经济发展的具体需求对文创产品进行系统分类，有助于企业选择一个符合自身条件的文化创意产业发展路线图和目标。明确文创产品的内涵与意义不仅是促进我国文化创意产业健康成长的关键，也是相关学者开展理论研究和学术创新的重要基石。

第三节　文创产品的基本特征

一、文化性与艺术性

（一）文化性

文化创意产业深植于人类文化的精髓之中，以创新思维为基础，旨在激发人们的思维、文化认知和情感，使人们接纳更多新概念，进而为产品注入新的思想、文化价值、情绪、概念和流行元素。这样不仅能提升产品的文化含量，同时也能给相关企业带来可观的经济效益。

文创产品之所以独特，是因为它们能够展现和传播民族传统、时代特色、社会动向及企业或组织的理念等深层次的内容。这种文化属性是文创产品核心价值的体现，意味着消费者对这些产品的追求超越了物质需求，寻求的是一种文化体验。这种追求本质上是对文化情感价值的认同。在体验经济时代，文创产品不仅是一种商品，更是承载着独特文化和故事的媒介。它们代表了特定的精神价值和社会意义，彰显了文化的长远影响力和消费者对于个性化追求的渴望。开发文创产品的关键在于文化的创新，这种创新不仅是对传统文化的现代化诠释，也是不同文化的创造性结合。在文化的传承与创新中，人们必须尊重文化的真实性和精神内涵，避免对文化的误读和曲解。

（二）艺术性

在设计界，艺术性的核心价值体现于设计师如何巧妙地整合所面对的设计挑战，在遵守美学规则的基础上创造作品。这个过程不仅要求作品在视觉上具有吸引力，更要求设计师对美学要素有着深入的理解。对于文创产品而言，这一点尤其重要，因为文创产品不仅要传达艺术的价值，还要反映出目标群体的美学偏好，并具备令人赏心悦目的特性。文创产品的艺术性不仅关注产品的表面设计，它还关注自身所承载的深层含义与精神价值。当文创产品的内涵与外表足够完美和谐时，它就能够使人内心愉悦，唤醒人们对生活的热情以及对深层价值的感悟。通过这种方式，文创产品便能与人们、与人们的生活建立起紧密的联系。

因此，在开发文创产品的过程中，设计师必须深刻把握并巧妙应用材料、工艺，通过整合本土文化、传统习俗、地域特色、传说故事及生活方式等多种元素，创造出既遵循形式美学原则又能满足人们现代审美需求的产品外观，设计出能够触动消费者情感，引发其共鸣的故事。这种设计方法不仅凸显了产品的艺术审美价值，还能从多方面揭示其独特魅力，展现了设计与艺术融合的无限可能。

二、地域性与民族性

（一）地域性

文化的地域性根植于特定的地理环境之中，其形成和发展依赖该地域的历史和社会环境。文化的地域性不仅能通过自然和人文景观的互动展现出来，而且还在人民的日常生活和哲学思考中得到了体现。在这个框架下，文化展现了其如何与一地的社会架构、经济活动、政治观念相互作用，进而塑造出该地域人民共同的价值观和生活方式。

地域性设计思维致力于挖掘并利用地域文化特征，具体可分为适应性设计和传承性设计两种。适应性设计注重让设计成果与地方的自然环境及社会环境和谐共存，而传承性设计则着眼于保护和复兴地方的文化遗产。这两种设计不只是追求产品外在形式的创新，更关注如何通过设计实践促进生态与文化的持续发展。

地域文化不仅定义了地域的身份和特色，还促进了该地域与其他地域的交流。例如，中国广袤的地理环境孕育了丰富多彩的地域文化，从长江到黄河，每一处的文化都贡献了自己独特的一笔，使华夏文明更为丰富多样。在这样的背景下，地域性设计的核心在于精心提炼和运用这些文化元素，这不仅能增强人们对本土文化的认同，也能为不同地域的人提供欣赏其他地域文化美学的机会。

设计师在设计文创产品时，探索和强调文化的独特性至关重要。这种探索不仅有助于呈现地域的自然和人文风貌，还能有效避免文创市场的同质化现象。以吉林市的文创产品为例，通过对本地传统陶瓷工艺的现代解读，展示了吉林独有的自然美景和历史文化，为人们提供了深入了解和体验吉林文化的新途径。这样的设计理念不仅丰富了文化表达的渠道，也促进了地域文化特色的有效传播。

（二）民族性

艺术的灵感根植于人心灵的深处，而创造力则存在于民族根基之中。这里的根基不仅仅是地理或血缘的联系，更是一种与本土文化深深绑定的情感纽带，体现为民族性的独特表达。拿“鱼”这一元素来说，其承载着特殊的象征意义，在中国，鱼是丰盈和好运的象征，代表着年年有余、富贵吉祥。这样的文化符号运用在艺术创作和产品设计中，能触动人心，激发民族情感。

民族超越了简单的地域或语言界限，它基于文化、历史等多个维度，区分了不同的人群。这种区分不是孤立的，而是一种共同的文化遗产、语言习惯、生活方式的集体体现，它们共同构建了一种群体的身份认同和心理归属。具有民族特色的艺术作品往往能够跨越国界，触动世界各地的观众。民族文化的魅力在于它的独特性，它不仅促进了全球文化的多样性发展，也为后世留下了无价的文化遗产。无论是湖南土家族的织锦，还是贵州彝族的漆艺，又或者是西藏藏族的唐卡，每一种艺术形式都是其民族文化精髓的体现。

对于设计师来说，深入了解并把握一个民族文化的精神实质是设计创作的前提，需要通过对传统故事、图案、物品的深入研究，找到那些能够触动人心的文化符号。在保持对民族传统尊重的同时，勇于创新是推动文化传承的关键，通过这样的努力，设计师能够创造出既有深厚文化底蕴又符合现代审美的产品，有效地将民族文化的价值传递给更多人，促进各地域文化的交流与互动。

三、纪念性与实用性

（一）纪念性

纪念性不仅仅局限于对个人情感和集体记忆的保留与传播，它还承担着文化传承与传播的重要职责。这一特征使得文创产品不仅拥有保存历史的功能，还能引起人们与历史的共鸣，增强人们在文化层面的归属感与认同感。文创产品的纪念性特征不仅使人们在美学的享受中感受到历史的连续性，也促使人们洞察到自我与环境的深刻联系。文创产品成为连接过去与未来、个体与社会的重要媒介。文创产品通过蕴含深意的设计元素，如数字化技术、视觉艺术元素及沉浸式场景体验等，传播了文化更加丰富和深刻的内涵与意义。

（二）实用性

实用性特征指文创产品在满足人们日常生活需求方面的功能表现。在中国，实用性的概念获得了广泛的认同与强调。这种重视不仅表现在消费者对于产品功能性的高期望上，还体现在对于传统工艺技术和非物质文化遗产的维护与传承中。中国的传统工艺美术，因其结合了美观与实用的特点而广受市场欢迎，同时也受到了政府的积极支持。这种实用性与审美性相融合的产品，不仅推动了传统文化的传承与创新，也为文创产品的创新开发提供了无限的资源与灵感。

四、经济性与时代性

（一）经济性

经济性特征指的是在达到最佳设计效果的前提下，将能耗降至最低。经济效益的重要性不容忽视，它提倡在尽可能减少资源消耗的同时，实现产品设计价值的最大化，尤其在文创产品的消费上，寻求性价比的最优化成了人们基本的追求。这意味着，设计师不仅需要考虑产品的美观和功能性，还必须考量消费者的经济能力，以确保产品价格的合理性。在旅游景点或文化展会等场合，经常能看到各类文化复制品和手工艺品，尽管这些产品可能在视觉上和触感上都相当吸引人，但它们往往缺乏创新并且价格过高，导致许多消费者望而却步。文创产品的核心价值源于其独到的创意和深厚的文化内涵，这不仅能够提升产品的内在价值，还能够增强消费者的体验感，为产品带来更高的价值。通过设计师的巧妙设计，文创产品能够成为文化传递和信息沟通的桥梁，让消费者愿意为其独特性和文化内涵支付合理的价格，这充分体现了"物超所值"的消费理念。

为了迎合不同层次的消费者，设计师需要发挥其创新思维，推出涵盖不同价格区间的产品系列，从经济实惠型到豪华型，从而使消费者能在预算范围内选购到心仪的产品。同时，政府及行业监管机构应当扮演关键角色，通过建立和执行标准来引导市场发展，保护消费者利益，并推动文创市场的良性发展。这样不仅能够提升消费者对于文创产品的满意度和忠诚度，也能保证文创行业的持续繁荣。

下面以文创产品"皇城・门"中的系列明信片为例，介绍文创产品的经济性特征。"内九外七皇城四，九门八点一口钟。"这句话概括了老北京城的城市规划。虽然大多数城门现在都已不复存在，许多地方也已不再是当年的风貌，但北京依然沿用着这些古老的地名作为这座城市的名片，向世人展示着北京悠久的历史。文创产品"皇城・门"中一系列的明信片用一张描绘清代时期北京城的地图，向人们悉数展现了这些带有历史感的地名，纸品设计成本低，是比较好的文化传承载体，也做得很有创意。

（二）时代性

艺术在人类社会中扮演的角色极为重要，它不仅丰富了人们的精神世界，还促进了个人能力的全面发展。通过艺术，人们能够提高自己的文化素养、创新能力和审美鉴赏能力。更进一步来说，艺术还扮演着文化传递者的角色，它帮助文化保持连续性，促进了文化创新和发展。在这个过程中，设计师扮演了关键角色，他们通过创作既反映传统文化元素又符合现代审美需求的作品，不仅促进了文化的传承，也让文化能够与现代社会人们的需求保持同步。在设计和创作文创产品时，设计师需要让产品做到既展示文化特色又迎合现代审美，使两者保持平衡。这种创作理念不仅有助于促进文化的传承，也能使得作品更好地与现代社会产生共鸣。然而，传统手工艺和民间艺术在这个过程中遇到了一定的挑战，主要体现在它们更新换代的速度不足，难以与快速变化的社会现状紧密相连，导致一些重要的非物质文化遗产面临传承的困境。为了应对这一挑战，中国政府推动了一系列旨在全面复兴中华优秀传统文化的策略和措施。其中，中央电视台通过融合传统与现代元素的电视节目和纪录片，如《国家宝藏》《如果国宝会说话》等，成功吸引了年轻一代观众的关注。这些电视节目之所以受欢迎，关键在于它们采用了创新的叙事手法，使得传统文化遗产变得更加生动和贴近现代生活。

对于致力于在国际舞台上展现中国文化的品牌而言，实现“走出去”的目标不仅需要深入理解和尊重中国丰富的文化遗产，还需要让产品符合全球消费者的审美趋势。刘传凯作为一位享誉国际的华人设计师，在这方面做出了杰出的贡献。以他为 2010 年上海世界博览会设计的城市旅游纪念品“微风”为例，他通过将传统的折扇元素与现代设计理念相结合，运用香木扇传统工艺（如拉花、烫花、雕花等），创作出了既展现深厚文化内涵又迎合当代审美需求的纪念品，展示了文化与时代融合的可能。

第四节　文创产品的分类

一、基于产品的设计对象分类

（一）旅游纪念品

旅游纪念品目前并没有确定的概念。若将视野拓宽，人们其实可以将旅游纪念品视为满足游客文化探索和精神丰富需求的广泛旅游资源。这不仅包括休闲活动、壮丽的自然景观及知名的观光地点，还涵盖了由此产生的各种旅游体验产品。若从一个更精确且限定的视角出发，旅游纪念品则特指游客在旅途中购得的、带有明显地域特色和民族风情的、精致且便于携带的纪念物。这些物品不只承载着游客旅行的记忆，也体现了一座城市的文化魅力。它们设计精美、典雅，不仅具备较高的收藏价值，而且蕴含丰富的文化内涵。这类纪念品通常以文创产品的形态展现，以博物馆藏品或名胜古迹等为基础进行设计。

（二）娱乐艺术衍生品

娱乐艺术衍生品呈现了产品固有的艺术性、美学价值、经济价值及精神价值。娱乐艺术衍生品的产生建立在人们对原始艺术作品的深入理解和重新创造之上，它们虽根植于独特的产品中，却在一定程度上改变了产品的独立性和唯一性，是可以大量生产的产品。这个过程不仅为产品注入了新的活力，还为公众提供了一种新的接触和欣赏艺术的方式，使艺术成了一个更为广泛的、可以直接了解的文化。

（三）生活美学产品

生活美学的概念从根本上主张将美的原则融合进人们日常的生活之中，目的是寻求一种更加优美且富含审美价值的生存方式。这一概念超越了单纯的对产品外表美的追求，渗透到人们生活的各个方面，涉及人们感知世界的方式、与世界交互的方法，以及如何在日常生活中识别与创造美。生活美学产品提倡利用仔细的观察与体验，将对生活的深入理解与美学的感知巧妙地融入日用产品设计中，目标是打造出既美观又能提高生活品质的产品。在互联网技术快速发展的当代，新兴消费者，尤其是“90后”与“00后”，塑造了独到的消费理念。在他们的影响下，社会逐步形成了一种新的消费文化。这种文化的特点不仅仅在于对物质的追求，更在于对富有意义、价值的生活方式的探求。他们倾向于选择能够表达个性且能保护环境的产品和服务，这种消费趋势极大地促进了生活美学概念的发扬光大和普及。在这样的大环境下，生活美学概念已不再是遥不可及的理念，而是通过实实在在的产品和服务，成了人们日常生活的组成部分。

然而，互联网时代也给人们带来了挑战，特别是对于追求生活美学的消费者而言。许多人受到社交媒体上流行趋势的影响，追逐那些看似满足生活美学要求但实际上缺乏深度体验和个性化特征的产品。这一趋势在某种程度上催生了所谓的“伪生活美学”，即消费者的选择更多被外部流行趋势所影响，而不是内心真实的审美追求和生活体验的映射。因此，真正的生活美学概念不应仅仅着眼于产品外表的美学表现，更应关注人们内在生活态度和价值观的展现，代表人们对生活深层次的理解与对美的不断追求。

生活美学产品是对人们生活方式和造物方式的阐释，背后蕴含着深刻意义。中国的传统生活美学产品应多关注中国人的传统生活方式和造物方式，如茶道、花道和香道等。

（四）活动与展会文创

通常来讲，专门为各种展览、论坛、庆典、展销活动和体育比赛等定制的文创纪念品被称为活动与展会文创，它们承载着较大的纪念价值，代表了特定的事件。这类产品的市场寿命通常较短，因为它们仅在相关活动期间生产和销售，会随着活动的结束而逐渐退出市场。因此，这些纪念品不仅独一无二，而且具备较高的收藏价值。

（五）企业与品牌文创

以企业的核心文化或品牌精神为基础，经过原创设计并精心制作的产品被称为企业与品牌文创。此类产品旨在传达和强化企业的文化价值观。这些产品不仅可以用于塑造和推广品牌形象，而且经常作为商务礼物被品牌相互赠送。品牌联合推广是该领域内一种普遍的营销策略。通常情况下，多个品牌会通过融合各自的品牌特征，创造出具有吸引力的新产品。企业与品牌文创不仅能缩短品牌与年轻消费者的距离，还能促进品牌形象的年轻化。

二、基于产品的制作材料分类

材料，泛指人类生产物品所使用的原料，是一切自然物和人造物存在的基础。设计师应当熟悉材料的特征，并在设计中将材料与形式美的法则融合应用，充分发挥不同材料特有的艺术表现力，使材料各自的美感特征相互衬托，以求做到产品的形、色、质的完美统一。在文创产品设计中，设计师对于材料的运用研究主要是从不同材料能给人带来的不同情感体验出发的。基于此，本书将产品设计中较为常见的材料进行了分类，从而让设计师能够更好地认识和了解不同材料的特性。

（一）陶瓷类与金属类

1. 陶瓷类

陶瓷，这种在人类历史早期被开发和使用的非天然材料，被广泛应用在人们的日常生活中，被誉为“大地与火焰的艺术作品”。它的硬度和耐用性特点使之成为设计师设计文创产品的理想选择，包括但不限于家居装饰品、精致餐具及独特的珠宝配饰等。在宋代，五大名窑所生产的陶瓷品因精美的形态和典雅的风格而备受推崇，成为中国陶瓷史上的一大生产高峰。这些作品不仅仅是日常生活用品，更是艺术的象征，展示了陶瓷材料的美。例如，白瓷以其如玉的色泽、如镜的光泽、薄如纸张的厚度和清脆的磬音而闻名；玲珑瓷则因透明度高而被誉为“瓷器中的透明奇迹”。在这一领域，设计师不仅需要对材料的物理性质有深入的理解，还应结合实际应用场景进行创新设计，从而充分挖掘并展现出陶瓷材料独有的魅力和价值。

2. 金属类

金属作为人类文明进步的见证者，自古以来一直是推动社会发展的关键材料。从青铜器时代到铁器时代，直至今日的轻金属应用，金属一直在人们的生活和生产中扮演着至关重要的角色。其出色的塑性和独特的光泽、丰富的色彩及特有的质感，为设计师提供了广阔的创意空间。在设计文创产品时，设计师不仅需要深入理解金属材料的本质属性，还要熟练掌握各种金属的加工技术。通过巧妙地结合金属的物理特性与美学价值，设计师能够创造出既美观又具有实用性的产品，这些产品不仅反映了金属材料的传统魅力，也体现了现代设计理念和技术的创新与进步。

（二）布料类与木质类

1. 布料类

布料承载着中国悠久的历史和丰富的传统文化。其独特的魅力体现在其能将简单的布料通过复杂而精致的手工技艺转化为实用且美观的艺术品上。这些艺术品被广泛应用于人们的日常生活中，如衣物、鞋帽、床上用品、挂饰，以及更多细小的装饰品，如头饰、香囊等，每一件布料产品都是匠人对美的追求和创造力的体现。布料产品通过综合传统工艺技法，如剪纸、刺绣等，不仅为人们提供了视觉上的享受，其本身更是实用性与艺术性的完美结合。布料产品设计师以自然为灵感，将花鸟虫鱼等自然元素巧妙地融入设计中，使人们能用精致的布料产品来装点生活，给人们带来了美和乐趣。在室内设计领域，布料产品的作用尤为重要，它们通过软化空间的边缘，使居住环境更加温馨舒适，同时为室内环境注入了新的生机和色彩。

布料产品的种类繁多，其分类需依据功能、应用场合、设计特色及制作技法等多个维度进行。它们的价值不单在于美观性，还在于它们的多功能性和应用的广泛性。在当代，布料产品的定义已经被拓展，不再局限于传统手工制品，而是包括了以布为主要原料，经过艺术加工达成特殊美学效果的各类生活用品。尽管传统与现代布料产品之间的界限渐渐模糊，但是那些传统手工艺元素依旧能够自然地融入现代室内装饰中，展现出独有的风采。

2. 木质类

木质材料作为自然界赋予人类的宝贵资源，以加工简便、环保可持续的特点，一直存在于人类日常生活中，是人们生产、生活不可或缺的材料之一。在家具制作和室内装饰领域，木材的应用尤为广泛。这种材料本身所具备的自然生态美感、温润的质感、多样化的色彩与纹理、清新的香气及柔软的触感，能带给人们一种自然归属感和心灵上的慰藉。常用木材分为两类：硬木类和软木类。其中，硬木又分为两类：一类是红木，如紫檀、黄花梨、酸枝木、鸡翅木等，这类木头多用于高档家具或首饰制作等；另一类是杂木，如胡桃木、樱桃木、榉木等，常用来制作家具。

在以木材为原料进行文创产品设计时，设计师应先从档次、硬度、色彩、肌理等方面对木材进行分类。设计师依托木材的这些自然属性，创造出了既实用又能表达情感寓意的产品，如苏州博物馆的“山水间”文具置物座，该产品利用木材的特性，模拟自然界的山水之美，既呈现了木材的天然之美，也传达了人与自然和谐共处的理念。这种设计理念不仅彰显了木材的魅力，也让人们在使用中感受到了温馨和谐的氛围，体现了人类对自然美的追求和珍视。

（三）塑料类与玻璃类

1. 塑料类

塑料是一种相对来说发展历史较短的材料，第一代塑料于 1868 年问世，随后迅猛发展。这种材料因其易于成型、成本低、收益高等特点而受到青睐。它的应用范围非常广泛，不仅包括家用电器的外壳、办公用品，还有各种装饰物，尤其在价格适中的纪念品市场上更是随处可见。

2. 玻璃类

玻璃与陶瓷一样，是一种脆性材料。玻璃的抗张强度较低，但硬度较大。玻璃因其具有许多独一无二的优点，被广泛应用到望远镜、眼镜、台灯等产品的生产中。它能被制成酒杯、灯泡、建筑物的幕墙，也能成为价值较高的艺术品。近年来，陈设工艺品受到越来越多人的关注，其中有很大一部分是由玻璃制成的。

（四）黏土类与皮革类

1. 黏土类

用黏土制成的泥塑是一种中国传统民间艺术形式，其历史可追溯至较为古老的时代，以独特的魅力和生动的表现力受到设计师的青睐。这种艺术形式的创作材料主要是黏土，制作时会辅以适量的棉花纤维，以增强成型作品的稳定性和耐用性。艺术家通过精湛的手工技艺可以塑造出形态各异的泥塑作品，这些作品在经过干燥和底色处理后，会被赋予色彩斑斓的外观，进而更加引人注目。在泥塑作品中，无论是形象逼真的人物还是栩栩如生的动物，都能够以其独有的艺术魅力和文化内涵，捕获观者的心。这种艺术形式的代表作之一——凤翔泥塑，源自陕西省宝鸡市凤翔区，其独特的艺术风格不仅在中国各地受到推崇，也是中华文化在国际传播的重要载体。如今，泥塑艺术通过与现代元素的融合，展现出新的生命力和创新精神，成了连接传统与现代、东方与西方的桥梁。

2. 皮革类

皮革作为一种质地优雅、历史悠久的材料，自被人类社会使用以来一直被人们高度重视。这种材料因出众的耐用性与不易复制的质感，成了追求品质生活的人的首选。皮革的应用范围极为广泛，它不仅是时尚界的宠儿，被用来制作各式各样的高端服装和配饰，也广泛应用于家具、汽车内饰乃至高级文具等领域。皮革的类型不同，其特点和用途也各不相同。例如，牛皮革面细、强度高，最适合制作皮鞋；羊皮革轻、薄、软，是制作皮革服装的理想面料。

三、基于产品的市场需求分类

（一）消费型文创产品

消费型文创产品是指那些被消费者迅速使用而不能长期保存的产品。这类产品通常包括地方特产和农产品，往往与食品有关。这些产品因其独特的文化特色和明显的个性化设计而受到消费者的喜爱，消费者一般会在旅途中或归家后迅速消耗这些产品。由于这些产品具备较大的文化魅力和个性化标识，因此它们不仅能增加消费者对产品的喜爱度和忠诚度，还能促使消费者进行重复购买，并且乐于向朋友和家人推荐该产品。

“掌生谷粒”是我国台湾地区的一个农产品品牌，它通过富有创意的包装、感人的文案，表达了其对台湾美好人事的感动，传达了台湾地区独有的风土人情，将普通的农产品变成艺术品，形成独有的饮食文化共同体，塑造出一个忠实的粉丝层，并以品牌效应拉升产品附加值，实现了良好的发展。

（二）保存型文创产品

保存型文创产品通常具有较高的纪念价值，带有时间、地点或某种精神的标记，这使得消费者愿意长期保留这些商品。保存型文创产品的种类繁多，包括实用性强的产品，装饰性强的产品，还有两者兼具的产品。无论是使用频率高的保存型文创产品还是使用频率低的保存型文创产品，忙碌的生活可能会让消费者暂时忽视这些产品，但每当他们使用或欣赏这些产品时，都会回想起与产品相关联的故事。

例如，“猫王”收音机以电台文化为出发点，全手工打磨铸造。每一台收音机都有独立编号，每一台都可以说是世界唯一的。早在2016年，“猫王”全系产品就有上亿销售额。文创产品并不需要讨好所有人，只要抓住文化的本质，将文化表现得淋漓尽致，就有可能成为“现象级”产品。

（三）馈赠型文创产品

馈赠型文创产品通常象征着赠送者的社会地位和价值观，这类产品一般工艺精湛、设计大气且富含文化内涵，如反映国家文化的国礼和体现企业文化的商务礼品。这类产品属于中高端市场，具有强烈的象征意义。另外，国礼级别的产品往往是独一无二、不可复制的。

四、基于产品的功能分类

文创产品种类多样且功能众多，以功能来区分，包括生活实用类（如服装、文具、生活用品、食品）及工艺品类（如装饰性工艺品、实用性工艺品）。随着产品种类的丰富和消费者对个性化、差异化产品的追求，新时代的文创产品设计趋向于增加产品的功能性和创意元素，展现产品文化内涵，以使其区别于以往的同质化产品。

第五节　文创产品的表达

一、文化表达

文化，这是一个看似熟悉却又陌生无比的概念。在日常生活中，人们时常会遇到各种各样的文化，如儒家文化、道家文化、饮食文化，甚至厕所文化、地铁文化等。然而，文化对人们来说却又如此陌生，人们不能像把握“苹果”这类物词一样来把握文化，因为在这个世界上，找不到文化的对应物。人们也不能罗列一些“性质”词来描述文化的属性。文化，更像是一个抽象的观念，渗透在人类社会的方方面面。它既包括物质文化，如建筑、器物等，也包括非物质文化，如习俗、信仰、艺术、语言等。文化是人类历史积淀的结果，是民族精神的体现，也是国家软实力的核心。

在英文中，文化一词源于拉丁文的“cultura”，意为培育、种植，暗指脱离原始状态。然而，在我国历史进程中，文化一词则有着更为丰富的含义。它代表着一种人文教化，强调通过共同的语言文字来规范群体的精神活动和物质活动，并进行传承、传播，以获得更广泛的认同。文化实际上在器物、制度和观念三个层面都有体现，而文创产品通过器物来体现制度和观念。文创产品是对现代主义设计和产品发展到极致进而形成千篇一律的国际风格的一种反对态度的体现。产品的国际化使得整个世界的产品呈现高度的一致性，世界各地区固有的文化及生活方式正在逐渐消失。而地域文化及人们的生活方式是历经漫长岁月而形成的特定产物，它是一种独特的“记忆”，蕴含着丰富的历史信息和民族特色。在经济全球化进程日益加快的今天，人们越发重视对地域文化的保护与发展。我国政府正在积极推动地域文化的传承与创新，以使人们更加了解和热爱自己的民族文化。人们逐渐意识到，地域文化不仅是民族的灵魂，也是国家的根基。

文创产品中的文化要素主要包含两个重要的维度：纵向的历史性文化延续和横向的区域性文化传承。首先，历史性文化延续是文创产品中不可或缺的元素。历史性文化，又被称为“文脉”，其英文为“context”。这个词原意是指文学中的“上下文”，在语言学中，它被称为“语境”，即语言使用的具体情境和前言后语。在这个基础上，人们将其引申为一种具有更广泛意义的关系，即某一事物在时间上与其他事物的关系。在文创产品设计中，文化被理解为脉络，强调文化的承前启后与继往开来。这种历史性文化延续的意义在于，它能够满足人们对于过去的追忆，从而给人的心灵带来慰藉。其次，横向的区域性文化传承。在 20 世纪后半叶，越来越多的设计研究机构和企业开始关注区域性文化的传承。文创产品不仅是一种实用工具，更是一种文化载体。它既能满足消费者的实际需求，又能让消费者在使用过程中感受到浓厚的地域文化氛围。

二、创意表达

马克思曾说，各种经济时代的区别，不在于生产什么，而在于怎么样生产，用什么劳动资料生产。劳动资料不仅是人类劳动力发展的测量器，还是劳动借以进行的社会关系的指示器。[①] 当前，人们正处于一个信息爆炸、知识更新迅速的

① 中共中央马克思恩格斯列宁斯大林著作编译局. 马克思恩格斯文集：第 5 卷［M］. 北京：人民出版社，2009.

时代，文化信息和知识信息逐渐被视为新生产资料的重要组成部分，人类的创新力和创造力也成了推动社会经济发展的重要动力。文创产品以创新为核心，将文化、艺术和科技等多个领域融合在了一起，既体现了文化内涵，又具有实用性。在这个信息技术、知识经济和文化产业相互交织的时代，文创产品以其独特的魅力，满足了人们对美好生活的向往和对个性化的追求。

创意意味着原创性、创新性，以及创造一种新事物或提出相关的“点子”“想法”“理念”等。文创产品中的创意主要体现在依据文化进行创新思维的加工，从而设计和生产出满足消费者精神和文化需求的产品。这是一个将文化、创意和市场需求完美结合的过程，这个过程并不是对既有文化的一种照搬和简单的复制，而是人们通过一定的经济意识对传统物质文化和精神文化进行再创造的过程。

文创产品是一种特殊的产品，它通过创意将文化要素融入产品功能与实用性中，使其不仅具有使用价值，还具有观赏和收藏价值。文创产品设计中的创意与传统产品设计中的创意有所不同，文创产品设计中的创意更侧重于文化的创意。文创产品的创意不仅能使产品拥有实用功能，还以巧妙的设计、创新将文化融入了产品的感性形式及其使用过程之中。这些产品既能满足消费者的实用性需求，又能激发他们对文化的热爱和传承，从而实现文化的有效传播和弘扬。

文创产品的创意并非源自虚无，而是具有明确的来源。这些来源主要可以归纳为以下三个方面。

首先，文创产品的创意源于人们对生活的理解。生活是丰富多彩的，包含了无数美好的瞬间和感人的故事。设计师将这些元素融入产品之中，使之充满了人情味和时代感，更贴近消费者的内心。

其次，文创产品的创意来自人们对社会的认知和理解。社会是由个体组成的，文创产品的创意必须建立在人们对社会价值和社会阶层的深刻洞察之上。只有把握住了这一要点，产品才能更好地反映时代特征，引领社会潮流。

最后，文创产品的创意源于历史的、地域的文化。这种文化体现在自然地理、风土人情等方面，也可能表现在精神层面的信仰、神话、传说中。通过对这些文化元素的挖掘和再创造，设计师可以打造出独具特色的产品，满足消费者对个性化文化的需求。

三、体验表达

文创产品的价值内涵丰富，既包括有形的实体价值，又涵盖无形的体验价值。

相较于其他普通产品，文创产品更像是一幅油画，不仅能够让观者感受到视觉上的愉悦，还能引发其深层次的体验性心理感悟。这种体验性心理感悟因人而异，富有潜在性和不确定性，为文创产品增添了独特的魅力。

体验，具体指人们在好奇心的驱使下，去尝试、感知事物，从而对人生有所感悟，并在心中留下难以忘怀的印记。生活中，许多事物并非一眼就能看穿的，需要人们亲身体验、用心感受。在这个过程中，人们能够领略到生活的酸甜苦辣，体会到人生的千姿百态。这种真实感使人们更加珍惜生命中的每一个时刻，懂得珍惜眼前的幸福，也让人们在面对困境时，有所依靠和支撑。体验具体到文创产品中是指消费者在使用产品过程中建立起来的纯主观感受，主要体现在以下四个方面。

第一，视觉冲击。它作为激发人们体验感的首要环节，旨在通过富有创意和独特性的外观设计，刺激消费者的感官，引发他们的联想，从而促使他们去体验和了解产品所传达的文化内涵。

第二，功能自然。自然界中的万物都有其与生俱来的功能，如水因其流动性和液态属性而具有运输功能。文创产品的功能设计则应当借鉴自然界的这一法则，以人的天然“人—物”关系为出发点，进行文化的衔接和形式的生成。例如，人们在自然界中会有坐的需求，于是坐具应运而生。无论是椅子、沙发还是其他形式的坐具，都应该考虑到人们自然放松而坐的状态，从而让人们有自然放松而坐的体验。这种以人为本的设计理念使得文创产品在满足消费者的功能需求的同时，也能给消费者带来舒适的体验。

第三，方式合理。这里的方式主要体现在文创产品的设计与使用上，它是连接产品与消费者的桥梁。为了让人们更好地理解与欣赏文创产品，设计师需要运用合理的设计方式和简洁明了的设计语言，使文创产品的文化内涵能够被大众读懂。

第四，内容契合。文创产品所附加的文化内容要与其功能及使用环境相契合。通过叙事性的设计手法，文创产品的文化内涵在“移情”过程中得以实现。在这个过程中，设计师需要充分考虑产品的功能属性，使得文化附加值与产品功能属性本身相得益彰。

四、符号表达

象征行为是一种独属于人类的行为方式，它主要体现在人们利用具体的事物来传达某种抽象的概念或情感上。人类与动物的一个重要区别就在于人类具有创造和运用符号的能力，正如著名哲学家恩斯特·卡西尔所言，人类是符号的动物。这不仅仅是因为人类能够在生活中运用各种符号来表达自己的思想和情感，更重要的是，人类能够理解和解读这些符号背后的深层含义。随着社会的发展，人们进入了大众传媒时代。以报纸、杂志、广播、电视、网络等为代表的现代大众传媒运用先进的传播技术和产业化手段，不断向人们传播大量的信息。这些信息通过各种象征性符号，渗透到了人们生活的方方面面。

在现代传媒的推动之下，产品的符号意义往往比操作、性能等产品本身的内容更需要设计师去揣摩和挖掘。这是因为，文创产品之所以能被冠以文化，关键在于人们可用产品的造型来表达一种文化内涵，从而使该产品成为承载该种文化的符号。换句话说，文创产品作为一种文化载体，其价值在于将文化内涵通过产品的形态展现出来，使人们在使用产品的过程中能够感受文化的魅力。

人与人之间的交流是通过语言、眼神、手势等来完成的，而物与人之间的沟通则是通过符号实现的。当前，人们在为产品创造功能的同时，也赋予了它一定的形态。这种形态不仅具有实用性，还能够表现一定的性格，就如同产品有了生命一样。人们在使用产品的过程中，会从中获取各种信息，进而产生直观的心理感受及生理的反应。文创产品及其符号表达具有以下三个方面的文化意义。

第一，流行审美文化在很大程度上影响着消费者的购买决策。消费者以文创产品的造型特征为基础，形成了对审美文化的感性认识，这个过程其实是一种知觉和情绪产生的过程，这些知觉和情绪是基于社会文化和大众审美观念而产生的。另外，这些感觉和情绪并非一成不变的，它们会随着社会文化的演变而变化。

第二，消费者对于自身文化符号的认同与表达。这一过程的选择并非随意的，而是会受到消费者的学识、修养、品位等诸多因素影响的。这些因素共同塑造了消费者的生活品位、思想水平和艺术鉴赏能力，从而影响了他们对文化符号的认同与表达。文创产品以其独特的设计和内涵满足了消费者对于时尚、社会价值观和固定印象的追求。

第三，对于历史文化、流行文化或是某种特定文化的符号表达。文创产品通过自身的叙事抒情属性，将历史文化、流行文化及特定文化的丰富内涵以图腾、吉祥物、标志、特定图案等形式进行表达，使文化变得更加生动、立体。它们在传承和创新文化的同时，也为人们提供了一种全新的感知和体验文化的方式，增强了人们的文化认同感和自豪感。

五、审美表达

人们对“美”这个词有多种解读，它可以代表心理的愉悦或生理的满足，也可以表示一种赞赏心态或个人兴趣。然而，在文创产品的审美领域，其内涵更倾向于后者。当物质生活水平达到一定高度之后，人们就开始有目的、有意识地追求真善美。这种追求是通过感性这一中介实现的，感性使人们摆脱了基于物质与利害关系的理性判断，从而回归到对生活意义和生命价值的彰显上。在这个过程中，文创产品的审美要素主要包含以下三个方面。

第一，形式艺术美。文创产品的审美价值在很大程度上取决于所蕴含的感性因素。文创产品的形式由点、线、体、色彩等基本元素构成，因此其具有一定的艺术性，能够触动观者的内心，使观者能够直观地感受到其所传达的情感与意境。这种感受与内心情感的同构产生了一种移情效应。移情效应使得观者能够更加深入地理解并与文创产品产生共鸣。

第二，功能材料美。文创产品的审美价值与其功能材料的美学表现密不可分。这种美并非仅仅局限于产品的外观设计，还深入地体现在产品的功能材料上。换言之，文创产品的审美价值不仅在于其视觉吸引力，更在于消费者的使用感受和心理满足感。

第三，文化生态美。文化生态美不仅仅表现了人与自然和谐相处的画面，更深入体现着人们生活的脉络与系统。在我国，文创产品的文化生态美根植于人们对于传统文化深深的向往中，这种向往是人们对丰富多样的文化底蕴和独特的历史传承的热爱。工业社会带来的快节奏的生活，使人们更加希望能够回归传统田园牧歌式的生活，回归人类最初的精神家园。

第二章　文创产品的设计

第一节　文创产品设计的构成要素

一、字体

（一）字体设计的原则

1. 简洁性

文字作为产品设计过程中重要的视觉元素，在设计中占据着举足轻重的地位。在进行字体设计时，设计师应先将文字以简洁的形式编排于版面中，使文字具有较高的辨识度。

设计师通过把握文字的结构、逻辑关系等因素，并结合点、线、面等设计理念，可使版面中的文字清晰可见，让读者能够畅快地进行阅读。

2. 易读性

文字是日常生活中重要的记录符号和表达符号，也是不可或缺的信息传播手段。因此，文字对于文创产品设计的重要性是不言而喻的。在对文创产品设计中所要用到的文字进行编排时，设计师要保证其在版面中的易读性，这也是保证页面信息传播效率的关键。设计师通过选用最恰当的字体，并将其进行合理的设置，可以在一定程度上提高版面中文字的可读性与易读性，增强版面的形式美感。

（二）字体设计的创意

通过运用艺术性的表现手法，设计师可将自己的艺术想象力和创造意识融入字体中，赋予字体新的形态和感情，从而激发读者的想象力，加深读者对画面所表达情感的理解。设计师在大胆创新的同时，还要注意对字体基础知识的理解，遵循字体设计原则，使文字在版面中可进行有针对性的表达，这样才能使文字中的信息得到很好的传播。

1. 将文字具象化，使其形象生动直观

文字的具象化是指将抽象的文字进行设计和编排，使其与图形相结合，最终以具象化的图形样式呈现在读者面前。具象化的文字能使人快速地理解和体会画面所要传达的信息内容，给人留下深刻的印象。设计师要抓住文字和图形共同的属性和特征，把握好两者之间的关联性，在版面中进行合理的编排，从而使画面更加有趣和生动。

2. 使用抽象字体提升版面的艺术性

抽象字体的应用能使版面内容更加丰富多变，提升版面的艺术性，给人带来完全自由洒脱的动感，没有任何拘束性，让读者在欣赏画面的时候能被其中的艺术美感吸引，感受到画面中的活力与灵动。

二、图形

（一）图形的类别

1. 东方传统图形

东方文明以中华文化为核心，重点强调“天人合一”“道法自然”等。东方传统图形追求“形神兼备”。

例如，在中国古代流传下来的神话和传说故事中，龙作为一种非常神异的动物，具有九种动物特征合而为一的形象。

2. 西方图形

在西方文明的早期发展阶段，理性的思考和观念被赋予了极高的地位。从古希腊到文艺复兴时期，欧洲的艺术创作主流是以摹写和客观写实为基础的。在这一背景下，西方艺术家致力于精确地描绘现实，追求对客观世界的真实反映。相较于东方艺术，这种追求真实的表现手法使得西方艺术的创造性相对较少。

在文艺复兴以前，图形主要依据需要排列于没有纵深空间关系的纯粹平面上。在从文艺复兴到印象派出现的这段时间内，人们开始使用透视规律，努力在平面之中表现出三维空间，如达·芬奇的名画《最后的晚餐》。

立体派艺术家以他们独特的表达技艺对物体进行了深入探索和分析。他们主要运用块面的结构关系，巧妙地展现块与面的重叠、交错之美。这种艺术手法不仅使作品具有强烈的视觉冲击力，还创造出了一个全新的艺术类型，为现代艺术的发展开辟了新的道路。

（二）图形的特征及设计原则

1. 图形的特征

不同地域的优秀图形设计存在极大的风格差异，但它们之间仍存在一些共同的特征，可以总结为“准、奇、美”三个字。

①所谓“准”，是指图形传达信息的准确性。在设计过程中，设计师需要准确地把握信息的核心，以简洁明了的形象语言将观念传达给观者。

②所谓“奇”，主要是指图形的创造性。设计师需要充分发挥自己的创意，打造独具特色的原创性产品。

③所谓“美”，主要是指图形表现出的艺术性特征。图形的审美价值在很大程度上决定了图形的优劣。如今，人们在关注图形设计的传达功能的同时，更倾向于追求图形表现层面的诗意化特征。设计师能通过生动的线条、完美的色彩、恰当的构图创造出符合形式法则的艺术形象，为观者带来思想情感上的满足。

2. 图形的设计原则

从图形设计的基本特征出发，人们总结出以下三个方面的图形设计原则。

①通俗性、准确性。作为一种具有典型艺术象征性的符号，图形通过形象传达信息，实现与观者的沟通。设计师在创作过程中必须以人为本，尊重观者，充分了解符号所具备的一般社会含义。这意味着设计师需要站在观者的角度，用简单明了的图形语言传达信息，使观者能够迅速理解和接纳。

②创造性。创造性体现在两个方面，一是创新性地挖掘图形语言，二是不断探索表现手法。设计师应该充分发挥自己的想象力，创造出独特且富有创意的图形，以表达情感。

③艺术性。在传达信息的过程中，设计师应注重表现图形的艺术性，借鉴各种不同的艺术形式，融入中外文化的艺术审美情趣。这不仅有助于提升图形的审美价值，还能使图形设计更具时代感和文化性。

总体而言，图形设计的创意追求通常是意料之外的外在形式，情理之中的内在逻辑。图形给了人们非常广阔的想象空间，在这一空间之中，设计师能够进一步注入自己的激情与幻想、思维与技巧，使其蕴含的信息和情感能够很好地呈现给观者。

（三）图形设计的价值与意义

1. 图形具备信息传播功能

图形语言形象简洁，容易被人们识别和记忆，具有超时空、超地域、超文化障碍的传播能力，具有信息容量比较大、传播速度非常快、信息内容表达准确等多个方面的独特优势。因此，图形在信息化社会发展大环境中具有非常重要的作用。

2. 图形语言直观，传播效率较高

语言文字是抽象的，它所传递出来的信息首先需要进入人们的耳或者眼，再传入大脑加以分析才能转换成形象，然后人们才能进行判断与想象，这属于一种非常理性的行为。然而，图形是极为直观的，能通过眼睛进入人的大脑，直接使人做出相应的判断，无须进行分析与转换，属于一种非常感性的艺术形式。

3. 图形有潜在的商业与社会价值

图形设计具有为社会、文化、经济服务的基本特性。通过对图形语言的描述，设计师可以向人们传播公众权益、文化理念、商品生产及销售等多种多样的信息。

三、色彩

（一）色彩的种类

1. 原色

原色可以合成其他颜色，但其他颜色却无法还原出原色的本来面貌。原色的种类并不多，仅有三种。色光三原色包括红、绿、蓝。当色光三原色同时相加，最终会得到白色。颜料三原色则包括品红、黄、青，这三种颜料相互混合，理论上可以调配出其他任何色彩。当颜料三原色同色相加，最终会呈现出黑色。常用的颜料中除色素外还含有其他化学成分，因此，两种以上的颜料相互调和，颜色的纯度就会受到影响。调和的色种越多，颜色就越不纯，也越不鲜明。颜料三原色相加得到的并非纯黑色，而是一种黑浊之色。

2. 间色

间色是通过两种原色混合而得到的新的颜色。色光三间色分别是品红、黄和青。在彩色摄影领域，这三种颜色被称为“补色”，这是因为它们在色环上与原色相对应，彼此之间存在着互补的关系。例如，品红与青色混合可以得到紫色，黄色与青色混合可以得到绿色，品红与黄色混合则可以得到橙色。这种相互补充的关系，使得色光三间色在色彩的混合和应用中具有重要的地位。

3. 复色

复色，又称第三次色，是指通过将两种间色或一种原色与其对应的间色混合而成的颜色。在混合颜料中，常见的复色有红灰、黄灰、绿灰等，这些颜色包含了所有原色的成分，只是各原色间的比例不等，从而形成了不同的灰调色彩。

（二）色彩的要素构成

色彩是一种光的现象，物体的颜色是光照的结果。真正揭开色彩产生之谜的是英国科学家牛顿，他将透过小孔的阳光用三棱镜进行分解，进而发现了包括红、橙、黄、绿、青、蓝、紫七种颜色在内的光谱。

1. 色相

色相是指色彩不同的相貌。在色相中，红、橙、黄、绿、紫色代表着不同特征的色彩相貌。当黄色加入白色之后，能显出奶黄、麦芽黄等色彩，但它的黄色性质不变，依然保持黄色的色相。

色相是有彩色最重要的特征，是由色彩的物理性能所决定的。由于光的波长不同，特定波长的色光就会显示特定的色彩。在三棱镜的折射下，色彩的这种特性会以一种有序排列的方式体现出来，人们可以根据其中的规律性制定出色彩体系。

色相的数量并非固定不变的，三棱镜将光源分解为七种颜色的光：红光、橙光、黄光、绿光、青光、蓝光和紫光。这七种色光构成了可见光谱，它们之间的分界并非截然分明的。它们根据光的波长顺序来排列，排列表示的方法就是“色相环”。每一种色相都有一个明确的称号，但人们通常总用“深”“浅”来表示，这样是无法将几千、几万种的色彩加以区分的。因此，色彩的研究者为了科学地区分色彩，运用了多种标示的方法。

最初的基本色相为红、橙、黄、绿、蓝、紫。在各种颜色之间插入一个中间色，可以得到如下的一系列颜色：红、橙红、橙、黄橙、黄、黄绿、绿、绿蓝、蓝、蓝紫、紫。这些基本色相互之间混合，可以生成十二色相环，进一步来讲，还可以生成二十四色相环。在色相环中，各种颜色按照不同的角度进行排列。在十二色相环中，每一个色相的间距为 30°，而在二十四色相环中，每一个色相的间距则为 15°。这种排列方式使得色相环呈现出一种有序且和谐的视觉效果。

此外，还有一种常见的现象是，某种色相与黑、白、灰混合后，无论产生多少种明度、纯度的变化，这些混合后的颜色仍然属于同一种色相。

2. 明度

色彩的明度反映了颜色的明暗程度，也被称作光度或深浅度。一个颜色的明度取决于加入它的白色或黑色的量。

在无彩色系中，明度的变化十分明显。白色是明度最高的颜色，而黑色则是明度最低的颜色。在这两者之间，存在着一系列明度各异的灰色。从亮灰色到暗灰色，这一系列的明暗变化被称为明度系列。对于光源色来说，它也被称为光度或亮度等。在有彩色系中，各个颜色间同样存在着明暗的差别。最亮的是黄色，最暗的是紫黑色，其他颜色则居于这两者之间。

为了更有效地运用色彩，人们需要了解每种颜色的标准明度。这种标准明度在色轮上体现得非常清晰，色轮上的颜色会按照中性明度的水平，从黑到白依次排列。

3. 纯度

色彩的纯度又称饱和度，它是指色彩的鲜艳度和纯净度。色彩纯度的高低决定了色彩包含标准色成分的多少。在自然界，人类视觉能辨认出的色彩都具有一定程度的鲜艳度。然而，不同的光色、空气、距离等因素，都会影响到色彩的纯度。例如，近的物体色彩纯度高，远的物体色彩纯度低；近处树木的叶子色彩是鲜艳的绿，而远处叶子则会变成灰绿或蓝灰等。

光色中的各个单色光是最纯净的，这是颜料无法实现的。颜料虽然可以模拟出各种颜色，但始终无法达到单色光的纯净度。这是因为光色是自然界中最基本的色彩元素，而颜料则是通过化学合成或者自然矿石提取而来的，其色彩纯度会受到一定的限制。在颜料的世界里，色相环上的色彩是最纯净的。

人类的视觉所能感受的色彩绝大部分是非高纯度的色彩。这意味着，人们在日常生活中看到的颜色大部分都含有灰色成分。正是这种纯度的变化使得色彩显得丰富多样。不同的颜色不仅明度不同，纯度也不相同。例如，纯度最高的颜色是红色，黄色纯度也较高，但绿色就不同了，它的纯度才达到红色的一半左右。理解并掌握这一概念，对于设计师深入了解色彩、发挥色彩的潜力具有重要意义。

四、编排

（一）视觉流程与编排空间构成

1. 视觉流程

视觉流程是指视线作用于画面空间的过程。在人们阅读版面的过程中，他们的视线往往会遵循一个固定的规律。这个规律就是从左到右、从上到下，然后再从左上方向沿着弧线向右下方流动。这种体验，就如同在版面上进行一场视觉的“空间运动”。在这个“空间运动”中，人们的视线会随着版面上的各种视觉元素进行移动，如文字、图片、颜色等。这些视觉元素在版面上的布局和设计，都会影响到人们的视觉体验。

心理学家格斯泰在研究版面规律时发现，在一定尺度的空间范围内，版面的不同部分具有不同的视觉吸引力和功能。例如，版面上半部的视觉吸引力通常要强于下半部，而版面左侧的视觉吸引力也要强于右侧。在版面设计中，不同的视域、不同的重心、不同的导向会使人产生不同的心理感受，如上半部给人轻松、漂浮、自在、积极向上之感，下半部给人稳重、消沉、低迷、压抑之感；左侧给人轻松、自如、舒展感，右侧给人束缚、紧张、局促感。

设计画面与视觉元素都是相对静止的，而观者的视线是流动的，设计师应利用多种元素间的差异，做出合理的配置。有计划地调整视觉元素之间的综合关系，能使画面获得自然严谨的视觉秩序，对信息传达亦能起到引领和带动作用。设计师还必须了解人类生理和心理上的视觉规律，明确人们的“最佳视域”“最佳焦点”和普遍的“视觉流程”，这样才能设计出好的版面。版面编排应结合主题，按信息传达的具体目的来制定视觉流程，这也是版面设计的基本要求。

从种类上来看，视觉流程基本上可分为重心诱导、位置关系、导向式、形象关系、散点式五种；若从视觉顺序的角度划分，其又可分为反复式与单向式两种。

①重心诱导流程：重心诱导流程适用于信息传达主次划分不是十分明确的主题。版式设计中的元素编排往往能将观者的视线在一开始就安排在版面的重心位置，这种组织方法需要在版面中配置一个在动势、方向上与重心点相反的形态，从而使画面整体获得足够的视觉张力。只有这个因素存在，画面重心位置才会被引导和强调出来。

②位置关系流程：位置关系流程适用于追求单纯感的设计，它是编排设计的常规技巧，清晰而有条理，在视觉浏览方向上强调秩序性，如上下、左右或对角

关系的顺序关照。它往往利用人的自然视线过程组织画面，引导人们的视线逐步向既定方向前进。

③导向式流程：导向式流程是指由潜在（虚示）或显在（明指）元素引导的视觉流程，主要有两种，以连接的形态引导出视觉主体和以分离但相互呼应的形态（动作、姿势或眼神）引导出视觉主体。

④形象关系流程：形象关系流程主要利用形象吸引力分清主次秩序。在对视觉元素的布局安排上，其主要以点、面的对比关系衬托视觉主体，而面通常是背景，是画面的底层，点则是画面的视觉主体，处于前层。面与点的存在关系具有两方面的价值。一方面，加强视觉主体，从而进行更为有效的信息传递。另一方面，从设计创意的角度看，面是设计所营造的整体情境，是氛围的载体，而处于其中的点，则被这个面烘托和包裹，使主题印象得以深化，使其形成一个更加有力的传达信息的整体。

⑤散点式流程：散点式流程一般应用于视觉元素较多且需同时展示的设计中，如需要将产品做全景式展示的商品广告，散点式构图可以加深人们的品牌印象，从而增强人们的购买欲望。

⑥反复式流程：反复式流程会将视觉元素较为平均地散布，或是将其导入一个视觉循环系统，使人们在视线游走的过程中，对视觉元素进行反复观照。这类流程多被应用于需要将视觉元素并列展示的设计，或是画面具有强劲动势及视觉张力的设计中。

⑦单向式流程：单向式视觉流程是指版式设计中的强势诱导元素占据主动态势，逐步推出视觉主体的设计手法，如位置关系、形象关系及导向式的视觉流程，都是按照既定顺序将视觉主体加以突出的，视线的流动过程也是以单向秩序为主的。

2. 编排空间构成

编排设计通过空间分隔可将各种信息按照功能、逻辑有序地组合和分列。人们对编排空间构成的把握主要反映在理性化的分隔、感性化的分隔及虚实空间三方面。

①理性化的分隔：理性化的分隔最常见的表现形式为网格设计。网格设计又称网格系统，是现代国际上普遍使用的一种编排方式。它是指在版面上确定好比例的格子中分配文字和图片，重视版面的连续性、清晰度，给人以整体、严谨的秩序感。这种方式被广泛应用于各种书籍、杂志和样本设计中。

②感性化的分隔：感性化的分隔不同于网格设计的严谨性，是按照设计师的感受来界定版面区域的编排空间构成方式。

③虚实空间：虚空间是针对占据版面形体的实空间而言的，虚空间因表现形体之外或形体之后的背景而往往被人忽略。然而，虚空间与实空间具有同等重要的意义。若没有虚空间的衬托，人的视觉就无法集中。留白是虚空间的特殊表现手法，如果把空白当作实体，把文字和图当空白，就会发现空白的形状和衔接方式、大小、比例、方向等决定着版面的设计质量和深度。可见，编排设计中虚实空间的处理是为了更好地烘托主题、渲染气氛，若虚实处理得当，会使主题鲜明突出，给观者留下联想的空间。留白以它白色空间的单纯及感染力提升着整体画面的审美意境、人文气息，留白较之于满版的编排更加具有人文气息，可使画面产生有序、沉静、沁人心脾的澄澈之美。

（二）编排的形式

1. 标准型

在标准型中，图在版面上端，其次是标题，然后是广告文案和商标字体，它是较为基本、简单的编排形式，更容易引起人们的注意，从而引导人们阅读。

2. 对称型

在编排的形式中，对称型较为常见，一般以追求完整、匀称、严肃、庄重、大方为美学准则。

3. 图片左、右置型

这种设计一般会将图形左（右）放置，留出空间给中英文字体，字体采用对比的手法。这种手法视觉流程清晰，便于阅读。

4. 重复型

多次重复出现的策略能使整个画面更具统一性和吸引力。重复型设计方法在书籍、简介和说明书的版面设计中尤为常见。

5. 自由型

自由型主要指设计不拘泥于形式，编排活泼。报纸版面、连环画、杂志读物、路牌广告等常采用这种方法。

6. 中轴型

在中轴型编排中，标题、广告文、图片与商标字体交叉放在轴线的两边。此型较为冷静，有平衡感，未必一定用线条来表示，也可将中间的空隙作为轴心。

7. 四点型

在四点型编排中，设计师在布图时均会使"单元"与画面的四边接触，一个单元碰到另一个单元的边，而其他的各边由其他单元去接触，画面生动、醒目。

8. 文字型

文字型，顾名思义就是以字体为主的编排形式。

9. 上下横跨型

上下横跨型指标题或图片往下延伸，广告文、字体或其他单元横跨右边缘，此型较为稳健，易引起读者的兴趣。

10. 字图型

字图型指图形排列成字体，设计物的各元素也排列成字体形式。

11. 指示型

指示型是指图形或者图表指向广告内容的编排形式。

第二节　文创产品设计方法

一、以功能与实用性为主的设计

在现代社会，产品功能多样化已经成了一种趋势。一件优秀的产品，其功能往往不局限于实用性，一般兼具审美价值。因此，在产品设计过程中，如何合理安排各种功能及其相互关系，成了设计师关注的重点。

实用性设计，顾名思义，是以实用功能为核心的设计理念。早在20世纪，世界著名的设计学院魏玛包豪斯大学就提出了功能主义和实用主义的理念，以适应当时社会大工业生产的需求。实用性设计认为，产品拥有功能是为了帮助人们更有效地完成某项任务，如汽车作为代步工具、手机作为远程沟通工具等。实用性设计理念贯穿在各类产品设计中，无论是家用电器，还是交通工具，都在一定程度上具备实用功能。除了部分纯粹为满足审美需求的工艺品，绝大多数工业化批量生产的产品都需要具备实用功能，这也是产品的基本属性之一。

在众多文创产品中，设计师为了吸引消费者消费，往往会选择一些人们日常生活中常用的物品作为设计载体。设计师在选择载体时，会充分考虑物品的普及度、实用性和文化内涵。一般来说，具有较高普及度的物品更容易引起消费者的注意，从而提高产品的市场销量。设计师希望文创产品能够在满足消费者生活需求的同时，传播文化信息。因此，在选择载体时，设计师会关注物品的实用性，以确保产品在市场中的竞争力。

二、突出趣味性的设计

美国认知心理学家唐纳德·诺曼在《情感化设计》[①]一书中强调了美感、乐趣和愉悦三者的共同作用，他认为这三者能给人带来积极的情绪。这种情绪不仅有助于人们缓解压力，还能激发他们的求知欲和学习能力。在当今市场上，以娱乐为目的的体验性产品层出不穷，许多消费者在购买这些产品时，往往是受到了产品“有趣”和“好玩”的特性的吸引。这也反映出在快节奏的生活状态下，人们有心灵释放的需求。文创产品中的趣味性设计更多的是寻求各种元素的相互包容，力求带给人们全方位的感官体验。当前，文创产品设计从产品造型到功能，再到人机互动和文化内涵，层层递进，将趣味性设计推向了一个新的高度。然而，由于人群年龄、性别、知识文化层次、社会经历等方面的差异，他们对趣味性设计的理解和需求也各不相同。正是这些不同的诉求点，促使趣味性设计在各个层面得以强化，从而带给人们截然不同的感受。在进行趣味性设计时，设计师应充分考虑影响产品趣味性的各种因素，并掌握趣味性设计的方法。只有这样，设计师才能在满足不同人群需求的同时，创造出既具有趣味性又能引起人们情感共鸣的产品。

（一）趣味性设计元素

在设计过程中，设计师需要充分了解不同人群的兴趣，以便更好地满足他们的趣味性需求。

①年龄。不同年龄阶段的人对趣味性的诉求有很大差异。对于儿童和青少年来说，他们更看重产品的外形和颜色。这一年龄段的人好奇心较重，喜欢新鲜事物，因此，设计师在设计时要充分考虑如何通过富有趣味性的外形和色彩吸引他们的注意力。

②性别。女性用户往往更喜欢温和、典雅的设计风格，而男性用户则更喜欢

---

① 诺曼．情感化设计［M］．付秋芳，程进三，译．北京：电子工业出版社，2005.

简单、便捷、明快的设计风格。性别差异导致了人们审美观念的不同。

③消费能力。在消费者的消费能力层面，日常生活用品的趣味性设计实际上代表着从单纯的产品功能设计向情感关怀设计的转变。这一转变告诉人们，趣味性的丰富程度并不一定与产品价格的高低成正比。日常生活用品的趣味设计应以人为本。这意味着设计师要站在消费者的角度，理解他们的需求和期望，从而在设计中充分关注人的情感。设计师需要不断挖掘和拓展产品趣味设计的深度和广度，这意味着在设计过程中，要不断地从不同角度和层面去思考产品的趣味性，使之更加丰富多元。设计师在设计过程中应充分理解和掌握消费者的需求和文化背景，创造出既能满足功能需求，又能触动人心的产品。

（二）趣味性设计的体现

趣味性设计已成为现代产品设计的一个发展趋势，它不仅关注产品的功能和实用性，更注重通过造型、材质、色彩等元素，为消费者带来愉悦的体验。在日常生活用品的设计中，设计师可以从以下四个角度来探讨如何体现产品的趣味性。

①一个有趣的产品造型往往能吸引消费者的目光，激发消费者的好奇心。

②产品的功能不仅要满足消费者的表面需求，还要通过创新来满足消费者的潜在需求。

③互动是消费者与产品之间沟通的桥梁，有趣的互动体验可以增加消费者对产品的喜爱程度。

④从产品整体趣味性设计出发，在设计过程中，设计师需要综合考虑产品的造型、功能、互动等多个方面，实现消费者全方位的趣味性体验。这要求设计师拥有跨领域的知识储备和丰富的想象力，如在设计儿童用品时，可以融入故事、游戏、文化等多种元素，使之更具趣味性。

（三）趣味性设计的价值作用

趣味性设计旨在为日常生活用品注入趣味性和情感元素，使相关产品不仅具有实用功能，还能给消费者带来愉悦的体验。趣味性设计一般建立在广泛的理论基础之上，包括体验设计、情感设计等多个领域。以人为本是趣味设计的核心理念。这一理念源于体验设计、人性化设计等丰富的理论体系，强调关注消费者在物质需求之外的情感心理需求。此外，趣味设计还要求设计师在产品设计时注重产品内涵与外形的统一，并且，内涵设计中的内涵是指产品所蕴含的文化、理念、故事等非物质因素，它是产品魅力的来源。

日常生活用品只是产品设计的一个载体，它们代表着设计师对于产品设计理念的实践探索。工业设计之父雷蒙德·罗维曾经说过："我寻求一种强烈的视觉震撼力，令人即便是短短一瞥，也能留下深刻的印象。"[①]这句话揭示了设计的核心理念：设计不仅仅要给人表面的视觉冲击，更要触达人心，给人带来深层次的感知体验。

三、融入情境性的设计

情境性设计相较于实用性设计，其在实用性的基础上，更加注重对产品精神意境的塑造。这种设计方法旨在将产品升华成为一件艺术品，即使在不使用的时候，也能让人们在观赏中感受到产品所营造的独特氛围。而在使用过程中，产品的价值意义则是通过操作方式，从行为到心境，再到精神层面，逐步渗透到消费者心中的。

在文创产品设计中，场景是指消费者与产品交互时，由环境、产品和消费者三者组成的集成系统。而场景研究则是通过研究情景、环境、产品，以及人与此三者之间的关系来探索未来产品的使用场景的。这种研究方法的目的是在场景的三个因素之间找到平衡点，从而设计出能够真正满足消费者需求，增强消费者体验感的产品。

（一）从现场观察中理解消费者

消费行为背后的驱动因素千变万化，难以捉摸。问卷调查作为一种传统的数据收集方式，虽然在一定程度上可以获取消费者的表面信息，但要深入了解消费者的真实动机、目的和情感，仅仅依靠问卷调查是远远不够的。要想真正理解消费者行为背后的驱动因素，设计师就需要设身处地从消费者的视角出发，亲身体验他们的产品使用过程。这意味着设计师要密切关注消费者在使用产品过程中产生的情绪变化，深入挖掘他们的需求和痛点。只有这样，设计师才能对消费者行为有更为全面和深刻的认识，为新产品设计提供有力的支持。

（二）从场景中挖掘需求

长久以来，在产品设计与消费者关系的探讨中，设计师的关注点往往集中在产品使用过程中的表现上。然而，这种理解方式过于单一，未能全面捕捉到消费者与产品之间的真实互动。事实上，消费者与产品的关系始于接触产品的瞬间，

① 于敏. 基于实用价值的现代化家居创意设计研究［M］. 长春：吉林人民出版社，2020.

甚至在消费者尚未实际使用之际，其与产品建立信任和情感共鸣的过程就已经悄然展开。为了更好地满足消费者需求，设计师需要从消费者的潜在需求出发，挖掘隐藏在消费者消费习惯和态度中的奥秘。产品并非仅仅只能满足消费者的现有需求，它还能在一定程度上塑造消费者的行为、习惯和需求。因此，通过设置场景来描绘消费者的日常生活细节，设计师可以更加深入地理解消费者的情绪波动，明确在与消费者沟通时应采取的态度，洞察消费者的消费目标及消费者期望达成的交流目标。

（三）提炼共性需求来定义产品

在产品设计过程中，收集不同消费者的意图和需求是至关重要的。这可以帮助设计师更好地了解消费者，从而创造出更符合他们需求的产品。然而，消费者的需求往往呈现出多样性和复杂性，因此，设计师需要从众多的消费者需求中升华和提炼出共性，找出背后的深层原因。这个过程需要设计师具备敏锐的洞察力和高超的分析力，以便从中找出关键的需求点。这些关键需求点不仅是消费者产生表面需求的原因，也是产品设计的核心所在。

（四）在场景中对产品进行测试与验证

在完成产品定义之后，设计师需要对产品进行深入的验证，以确保产品的功能和特性能够满足消费者的需求。这一阶段的重点就是关键路径方法的使用。关键路径是一个虚构的场景，它模拟了产品使用过程中的重要环节。通过设计这个场景，设计师能够引导消费者在虚拟环境中体验产品的关键功能，从而观察和分析消费者在使用产品时的行为和需求。这种方法的优势在于，它能够在设计的初期，以较低的成本排除那些不切实际或不可能实现的需求，从而提高设计师的效率。例如，知乎以沉浸式的知识体验和创新设计构建了一个独一无二的线下创意体验馆。这是一家“专治不懂”的魔法诊所，它将知乎上专业、有趣、多元的内容以创意体验馆的方式展现了出来。

四、演绎故事性的设计

故事性设计常用“讲故事”的方式来展现文创产品的文化内涵，以引发消费者的心灵共鸣。这是文创产品设计中常用的一种设计方法。要想讲好产品的故事，设计师就需要挖掘产品中的笑点、萌点、科技点等元素，并通过这些元素与消费者进行有效沟通。

故事性设计要求设计师充分挖掘产品的文化背景，包括产品的特殊产地、历史渊源、优良工艺及严格的制造过程等。同时，设计师还需要在设计时考虑如何传达出自身的独特情怀。在讲述产品故事的过程中，设计师不仅要展示产品有趣和实用的一面，还要让消费者了解这些产品背后的文化内涵。在文案架构方面，讲故事的方式必须合乎逻辑，具有明确的开头、中间和结尾。设计师需要根据文化的重要性来安排故事的先后顺序，把最重要的文化特征放在标题，以便消费者在阅读文案的过程中，从最重要的文化特色逐步了解到比较次要的文化特色。

五、应用高科技的设计

21世纪科技发展的速度远超出人们的想象，它不仅改变了人们的生活方式，还对文创产品相关产业产生了深远影响。尽管最新的科技并非总是直接呈现在人们的生活中的，但可以肯定的是，科技的创新与发展始终伴随着创造性设计形式的产生。近年来，全息影像技术逐渐普及，人们可以通过简单的设备来实现全息影像效果。然而，这项技术尚未被广泛应用于文创产品的设计中。与此同时，虚拟现实技术和增强现实技术也逐步渗透到了人们的日常生活中。因此，设计师需要密切关注现代科技的发展和应用程度，以便利用科技的力量设计出符合时代特征的文创产品。

文创产品设计方法是多元化且相互融合的，不局限于以上所述的几种。实际上，文创产品设计方法往往不是单独运用的，而是需要基于传统设计方法或与其他多种方法相结合的。设计师在设计文创产品时，应采用多种设计方法，以满足社会绝大多数人的审美需求，使文创产品被广大民众所接受。这样，文创产品才能在最大范围内传播文化，并具有最广泛的教育意义。

第三节　文创产品设计路径

一、文化层面：传统元素的传承与创新

中国，这个历史悠久的国家，自古以来就孕育和发展了许多具有代表性的民间艺术形式。这些艺术形式丰富多样，独具特色，其中剪纸、木刻、陶瓷、书法和水墨画更是杰出的代表。然而，在时代发展的洪流中，人们被各种信息吸引、

影响，逐渐减少了对传统文化的关注。有些人甚至对传统文化不屑一顾，导致当前传统文化发展处于尴尬的局面。在此背景下，创意产业的兴起为保护和传承这一民族精髓提供了良好的契机。创意产业将传统文化元素与现代审美相结合，赋予了传统文化新的生命力。创新产业对传统文化元素创新性、综合性的发挥起到了很大的促进作用，不仅使传统文化元素焕发了新的活力，也使自身走上了更广阔的发展道路。

（一）介绍传统哲学

传统哲学在我国历史长河中存在已久，其影响力较大，无时无刻不在潜移默化地影响着人们的思维和行动。以道家思想为例，其提倡的“道法自然”和“天人合一”的理念，不仅显著体现在我国诗歌、绘画、园林等艺术领域，更塑造了中华民族独特的审美观和价值观。在现代社会，将这些富含哲学底蕴的传统理念融入文创产品设计中，无疑能够丰富文创产品的内涵，提升其审美价值。例如，一款小巧的香炉，其简洁大方的造型，将直线与圆形、正方形几何有机结合，呈现出一种顺应自然、回归本真的意境。

（二）创新传统文化形式

传统文化的多样性确实为设计师提供了丰富的设计灵感，然而，仅仅固守传统或盲目追求创新都无法达到理想的设计效果。首先，正确的文创产品设计方法并非简单地停留在对传统文化的模仿上，而是要深入挖掘其内在的精髓，并将其与现代元素相结合。其次，设计师在继承和发扬传统文化的基础上，还需要不断地挖掘和放大其内在含义。以炖锅为例，这是一件将传统文化与现代生活完美结合的佳作。设计师在设计过程中，巧妙地以北宋画家崔白创作的《双喜图》中的喜鹊形象为原型，这样一来，原本普通的厨房炖锅因为设计师的有效创新，不仅功能更加完善，还能传递出丰富的文化内涵。

（三）整合人们的生活经验

实际上，许多文创产品的设计灵感都源于人们对日常生活的细致观察和深入体验。生活中某个不经意的细节或场景都可以成为设计师表达情感、展现态度的载体，从而提升文创产品的文化内涵，打动消费者的内心。以 CD（小型镭射盘）播放器的设计为例，其独特之处就在于它的开关设计。这种开关形式并非市场上常见的形式，也没有应用复杂的高科技，而是采用了一种简单而复古的设计——拉绳式开关。这种设计让人想起了过去使用的老式电器，轻易地就唤起了人们内心深处的温馨回忆，让人情不自禁地去拉那根拉绳。当人拉动拉绳时，CD 播放器便被“唤醒”，悠扬的音乐开始播放。这个简单的动作，不仅开启了播放器，更让人与过去的岁月链接，让人产生了共鸣。这种设计巧妙地将生活体验融入了产品，使得 CD 播放器不仅仅是一个冷冰冰的机器，更是一个有情感、有故事的存在。

传统元素在我国历史文化长河中凝聚了多代人民的智慧与审美，作为一种象征符号，它可以是具象的，也可以是抽象的。无论以何种形式存在，传统元素都具有较强的辨识性和普遍的认知性。随着现代社会的发展，文创产品的设计和推广成了一种重要的传承传统文化的方式。设计师在运用传统元素时，不能简单地照搬照抄，而应该结合实际提炼精华，借助现代艺术手法进行更高层次的艺术表达。

二、创意层面：多概念融合创新

（一）文创产品设计应站在多学科的角度

有关文创产品设计的大部分研究主要聚焦于描述性概念分析，重点讨论文创产品的定义、性质及相关政策。然而，文创产品设计研究并不局限于单一领域，而是涉及众多方面的综合性研究。因此，相关学者有必要从多个学科角度，如经济学、统计学、传播学、文学等，对文创产品设计进行深入探讨，以期提升相关研究的科学性及全面性。

（二）文创产品设计应增加生态理念的研究

在 21 世纪这个充满挑战和机遇的时代，我国社会在高速发展的同时，也面临着资源开发和环境保护等问题的挑战。在这个背景下，文创产品设计研究领域也应顺应时代发展趋势，将生态设计融入其中。所谓生态设计，就是指在设计过程中，充分考虑产品对自然环境的影响，力求实现人与自然和谐共生。这种设计理念不仅有助于提高资源利用效率，降低环境污染，还能促使人们养成绿色消费习惯，推动绿色产业的发展。

（三）文创产品设计应提升产品品牌影响力

在当今社会，科技的高度发达和信息的快速传播使得产品的设计和技术管理模式容易被模仿，这无疑给文创产业带来了巨大的挑战，也使得在文创产品设计中开发和保护文化资源成为一项重要任务。文化是一个国家、一个地区、一个企业的灵魂，是区分“你我他”的独特标识。在文创产品设计中，以文化为核心资源，设计师可以通过深入挖掘和传承文化内涵，赋予产品独特的文化属性，使其在众多同类产品中脱颖而出。

（四）文创产品设计应注重可持续发展

文创产品设计如今已经发展成一项涵盖众多领域的综合性工作，它不再只是简单的外观创意设计。事实上，文创产品设计涉及的问题远不止于此，它关乎产品质量管理、美学设计、品牌建设、服务体系、人才培育、环境营造及产业链优化等问题。因此，文创产品设计要注重可持续发展。

第四节　文创产品设计原则

一、以市场为导向的原则

市场导向原则要求设计师以市场需求为出发点，而非仅仅根据个人的想法和创意来设计产品。这种原则主张将市场需求与产品设计紧密结合，以满足广大消费者的需求。然而，在追求市场导向的同时，人们也不能忽视文创产品的文化内涵。在设计文创产品时，应秉持辩证的观点，既要关注市场需求，又要充分挖掘和传承传统文化。

自 20 世纪 50 年代以来，在西方发达国家，随着买方市场的形成，一种现代经营理念应运而生。这种经营理念认为，企业应该根据消费者的需求来生产和发展产品。在这一理念的指导下，企业将市场需求置于首位，以满足消费者需求为出发点，规划和实施产品的生产与销售策略。与传统经营模式不同，在这一理念指导下的企业的经营目标并非单纯追求短期销售量的增长，而是着眼于长远的市场份额占有。为了实现这一目标，企业需重视产品开发、定价、渠道和促销等策略的制定。通过对市场需求的准确把握，企业能不断满足消费者的需求，进而扩大市场销售份额，实现长期稳定的发展。

在市场经济体制下，文创产品需求与文创产品供给通过市场这一纽带紧密相连。市场体系中的文创产品需求与供给共同构成了经济活动的基本矛盾，即需求与供给之间的矛盾。供求平衡的本质就是产品结构的平衡。当供求平衡时，企业可以更好地规划生产、销售和投资策略，从而提高自身经济效益。同时，供求平衡还有助于激发消费者的购买欲望，进一步推动文创产品相关产业的发展。

文创市场是一个充满变数和挑战的领域。消费者的需求、竞争对手的策略及与文创产品相关的法律法规都在不断变化，这些变化对企业的内外部环境产生了深远影响。在这样的环境下，一个企业能否适应市场的发展变化，以及其适应的程度，成了其在竞争中能否生存和发展的关键。在文创市场上，变化是一种常态。这种变化不仅体现在消费者的需求上，还体现在竞争对手的策略上。消费者对于文创产品的需求在不断升级，他们希望获得更具个性化和创新性的产品。与此同时，竞争对手也在不断调整自己的战略，以适应市场的变化。这就要求企业必须具备敏锐的市场洞察能力，以便及时调整自己的发展方向。市场营销战略关系到今后相当长一段时间内文创企业的发展目标，是企业市场营销计划的重要依据。因此，市场营销战略正确与否，对企业的兴衰成败举足轻重，对其有着较大的影响。若一个企业的市场营销战略错误，即使文创产品的设计方案多么细致、多么全面，销售队伍多么强大，也会在激烈的市场竞争中迷失方向，对企业的生存和发展构成威胁。

二、突出差异的创新原则

在当今竞争激烈的市场环境中，差异化设计已成为企业脱颖而出的关键因素。差异化设计实际上是一种创新设计，它要求设计师在设计过程中具备敏锐的洞察力、丰富的想象力和高超的判断力。为了让产品具备差异化特征，设计师必须从多个角度展开分析，加强判断并深入思考。为了实现差异化设计，企业需要深入了解目标市场，针对不同的消费者群体制定相应的设计策略。通过目标市场定位的方法，企业可以根据不同产品和消费者的特点，采取不同的设计创新方式；通过市场调查分析，企业依据消费者划分不同群体，从而对产品品类进行细分定位。

1. 地域文化创新

地域文化作为一种深深扎根于特定地域环境中的文化现象，经过了长时间的积累和沉淀，形成了丰富而深厚的精神基础。地域文化以其独特的在地性特征展现了我国各地丰富多彩的文化风貌。根据地域环境的不同，设计师可将不同地域文化融入产品设计中，使产品展现出浓郁的地域风情。文创产品设计不仅可以凝练各地的地域文化，使地域文化在传播和产品设计中保持特色，更是实现文创产品差异化设计的重要方向之一。

2. 产品品类创新

产品品类创新是一种战略思维，它强调在设计同类产品时，要充分考虑各类消费者的需求和价值追求，从而避免产品陷入“同质化”的竞争困境。这种创新模式要求企业对产品进行多样化设计，包括规格、质量、特色和风格等方面，以满足不同消费者的个性化需求。

3. 消费群体差异化创新

在当今竞争激烈的市场环境中，企业要想脱颖而出，就必须掌握消费群体的差异化需求。消费群体差异化创新是指根据不同消费群体的消费需求和消费心理，走差异化路线，锁定消费群体进行设计的创新设计方法。

4. 消费手段差异化创新

消费手段差异化创新的核心在于通过不断更新和优化营销策略，为消费者带来新颖、独特的消费体验，从而激发他们的购买欲望。在竞争激烈的市场环境中，这种创新手段有助于引导消费者形成差异化的购买行为，进而为企业带来竞争优势。

近年来，“互联网 +”模式的兴起为各行各业带来了前所未有的变革，文创产业亦然。在这种创新模式的推动下，传统文化以一种更具时代感的方式走进大众视野，深入人心。例如，北京故宫博物院的手机软件和淘宝店等，它们都通过互联网这个渠道，将丰富的历史文化资源传递给每一个人。这标志着文化传承的方式正在发生深刻的变化，从传统的被动接受转变为符合时代特征的主动传播。面对文创产业的同质化现象，创新成了突破的关键。这包括造型创新、材料创新、工艺创新及展现方式创新等一系列创新方法，可以全面实现产品的差异化。产品差异化可分为水平差异化和垂直差异化，其中，文创产品可从水平差异化的角度出发，大胆结合超出人们想象的领域，生成令人意想不到的外观。这样，不仅能够丰富文创产品涉及的领域，更能够从创新的角度让人们深刻感受到文化的存在感和普遍性。

三、兼顾美观与实用的原则

从古至今，无论是对个人形象的追求，还是对生活环境的改善，都可以看到人们对美的渴望和向往。在众多追求美的途径中，美观且实用的产品无疑是为人们生活增添色彩的重要手段。因此，美学实用性效应应运而生，它揭示了人们在欣赏和使用产品过程中的心理倾向。另外，人们往往认为美感更强的设计在使用过程中会更加便捷，即使实际情况可能并非如此。

美观的设计在很大程度上影响着人们对产品的使用体验和态度。一般来说，外观精美、视觉效果良好的产品会让人们觉得它更容易使用，从而提高了实际使用率。即便在功能上并无明显优势，漂亮的产品也能吸引更多人去尝试。而这种现象在很大程度上源于人们对美的追求和审美需求。事实上，美观的设计并非总是实至名归的，有些设计在视觉效果上取胜，却在实用性上逊色。即使在实用性方面存在不足，美观的设计依然具有较强的吸引力，使得人们在实际使用过程中更容易产生积极的心态，甚至对产品的缺陷给予更多宽容。

美的产品，既要有外在的美感，也要有内在的实用性。它们应当满足消费者对美的追求，让人们在使用过程中真正觉得"美观的产品更好用"。在文创产品设计中，设计师需要深入挖掘消费者的需求和喜好，了解他们的审美观念，将实用性与美学完美结合，创造出既美观又实用的产品，给消费者带来一种温馨、积极、快乐的体验。以百雀羚为例，这家公司携手故宫珠宝设计师，推出了一款极具中国风的梳妆礼盒。这款产品凭借其精致的中国风设计，受到了消费者的热烈追捧。它不仅满足了人们对美的审美需求，还体现了中国传统文化的魅力。

四、坚持绿色环保的原则

20 世纪 60 年代末，美国设计理论家维克多·帕帕纳克的著作《为真实的世界设计》出版。这部著作关注的是设计师在面对人类生存需求时所面临的挑战，强调设计师应具备的社会价值和伦理责任。在 20 世纪 80 年代，随着全球生态失衡越发严重和人类生存问题日益凸显，这部著作引发了一股国际性的设计思潮。

在进行产品设计时，设计师不能忽视人与自然之间的平衡关系。这个平衡关系在设计过程的每一个决策中都应得到充分体现，以确保环境效益的最大化，尽量减少对环境的破坏。这包括在材料选择与管理上注重环保，尽量减少物质和能源的消耗，控制有害物质的排放。此外，设计师还应关注产品及零部件的回收和再利用问题，使产品在废弃后能够方便地进行分类、回收和再生循环或重新利用。坚持绿色环保原则的设计可以被称为绿色设计。

1. 资源最佳利用原则

资源最佳利用原则是可持续发展理念的重要组成部分，它关乎着我国经济、社会和环境的健康发展。这个原则主要包括两个方面的内容：首先，在选择和使用资源时，人们必须秉持可持续发展的观念，注重资源的再生能力；其次，在产品设计阶段，设计师要充分考虑资源的利用率，确保产品在整个生命周期内实现最大限度的作用发挥。

2. 能量消耗最少原则

能量消耗最少原则是可持续发展理念的重要组成部分。在选择能源类型时，人们应优先考虑太阳能、风能等清洁和可再生能源，而非汽油等不可再生能源。这样的选择不仅有助于缓解全球能源危机，也有利于降低环境污染，减少温室气体排放。

3. “零污染”原则

绿色设计是一种以环保、可持续为核心理念的设计方式，它强调在设计过程中，要彻底摒弃传统的“先污染，后处理”的末端治理环境的方式，采取“预防为主，治理为辅”的环境保护策略，从而尽可能实现“零污染”。

4. “零损害”原则

绿色设计是一种以环保、可持续为核心理念的设计方法，它遵循“零损害”原则，强调在产品生命周期的各个阶段都要充分考虑到环境保护、资源节约和人体健康等方面的因素。绿色设计要确保产品在安全、环保、舒适、美观等多个方面的平衡，以实现人与自然的和谐共生。

5. 技术先进原则

绿色设计是一种以环保、可持续为核心理念的设计方法，它不仅关注产品的外观、功能和性能，更注重产品在生命周期中使用时对环境的影响。所以，它应该遵循技术先进原则。

6. 生态经济效益最佳原则

绿色设计是一种以环保、可持续为核心理念的设计方法，它强调在产品生命周期中，不仅要关注其经济效益，还要充分考虑其环境生态效益和社会效益。在当今世界，绿色设计已成为企业和社会关注的重要议题，因为它关乎地球资源的可持续利用、人类生存环境的改善，以及社会的和谐发展。

第五节　文创产品设计的基本流程

一、文创产品设计项目管理与文创产品市场调查

（一）文创产品设计项目管理

在文创产品设计项目的实施过程中，融合项目管理的理念和方法至关重要。简而言之，文创产品设计项目管理就是一套系统的工作流程，它涉及时间、资源、成本等因素，旨在确保文创产品设计项目从构想到成品的顺利实现。这不仅需要项目管理人员具备专业知识，还需要其对文化内容有深入的理解和高度的创新能力，以创造出既具有文化价值又符合市场需求的产品。

为了有效地管理一个文创产品设计项目，项目管理团队的领导层需要具备严密的组织和协调能力，通过合理安排任务和资源，确保项目按时完成。这包括对项目范围的明确定义、资源的有效分配、时间管理、成本控制及质量保证等方面的工作。在这个过程中，设计师的角色尤为关键，他们不仅需要掌握常规的产品设计技能，还需要具备丰富的文化知识和创新思维，以便设计出既有文化内涵又能吸引目标市场的产品。

1. 文创产品设计项目管理准备工作

对于一个比较成熟且具有较多设计经验的文创企业或团队来说，准备工作所用的时间相对较少。但作为第一次进行文创设计或第一次开展文创设计活动的企业来说，在文创产品设计项目开始前，由于成员之间的配合较为生疏，充分做好准备工作对文创产品设计项目的成功至关重要。

文创产品设计项目管理准备工作一般包括组建文创产品设计团队、进行文创产品设计前期检查及编制文创产品设计规划书三个方面。

（1）组建文创产品设计团队

企业必须根据文创产品设计项目的内容、性质及企业自身技术能力情况来确定是否需要组建文创产品设计团队或组建一个什么样的文创产品设计团队。通常，由于产品在市场中的更新频率很快，每年需要较多的新文创产品进入市场，并且文创产品设计项目的复杂程度不一，文创企业需要及时组建新的文创产品设计团队。

①指定设计经理。在文创产品设计队伍中，设计经理（团队主要负责人）起着十分关键的作用。在具体文创产品设计项目的管理过程中，设计经理的职责主要有以下几个方面：编制文创设计规划书；选择文创设计师和文创产品设计项目负责人；组织和协调文创设计活动，激励文创设计人员；负责文创产品设计团队与其他部门的协调工作；管理文创设计项目流程的全过程。

文创企业在选择设计经理时必须考虑其能力和特点。一个优秀的设计经理必须具备以下能力：深入挖掘文化的精髓，培养设计师对文创产品的深刻认识，发掘其潜力；维护良好的团队关系，进行时间管理；培养前瞻性的创新视角，做出关键的选择；制订文创产品设计计划，实施有效的成果评价方法；建立与相关团队的理解与合作机制；掌握文创产品设计流程与评估的基础知识和技巧；精通文创产品设计的语言，提升设计交流的效率；能够有效主持设计讨论活动，使用恰当的表达和说明技巧。

②指定设计师。一个文创产品设计团队需要多少设计师和需要什么样的设计师，取决于文创企业要执行的文创产品设计项目的数量和项目的具体内容。除了考虑技术因素，还要明确哪些是整个项目中的关键技术。对于具有专门技术或较为关键技术限制的项目，最好由固定的设计师负责。而且，建成一支永久性的、高水平的文创设计团队是一个成功企业的长期规划，必须在文创产品设计项目管理的实践过程中逐步实现。文创产品设计团队一般来说需要具备多种能力，产品设计师、视觉设计师都应兼顾到位，做到全方位互补。

（2）进行文创产品设计前期检查

文创产品设计前期检查的首要目的是帮助企业进一步明确文创项目的市场目标，这是设计工作取得成功的关键因素；然后要对文创企业内部设计资源进行评估，这是避免设计风险、确保设计获得成功的基本措施。

文创产品设计前期检查的主要内容：检查以往文创产品设计项目成功与失败的原因；检查设计技术的薄弱环节；检查文创产品设计团队的能力和水平。参与项目检查的负责人必须了解和懂得文创产品设计，熟悉文创产品设计的操作程序，有一定的文创产品设计项目管理经验，有强烈的责任心，能以较客观、公正的态度来开展这项工作。

（3）编制文创产品设计规划书

项目开始前一项非常重要的工作就是编制文创产品设计规划书。一个确切而完整的文创产品设计规划书能使文创产品设计项目具有明确的方向和目标；能最大限度地降低文创产品设计项目的风险；能帮助设计师提前熟悉设计内容，尽早进入角色；能帮助设计师积累设计方面的经验。

从文创产品设计管理的角度看，一个较为完整的设计规划书应该包括设计目标、设计计划、设计要求三个方面的内容。因此，确立正确的设计目标、制订出切合实际的设计计划和明确设计要求是设计规划书的基本内容。文创产品设计规划书的编制通常要经过市场研究、产品研究、技术研究、交流与评估等步骤。

2. 文创产品设计规划管理

文创产品设计规划管理是文创产品设计项目管理层对具体项目在执行过程中所做的全面管理工作。在文创产品设计项目管理准备工作完成之后，文创产品设计规划管理就成了管理层的主要工作。它对能否完成设计规划书中所规定的文创产品设计目标起着十分重要的作用。文创产品设计规划管理通常包括分阶段的管理、新产品设计与开发流程管理、设计规划的质量管理、文创产品品质与成本管理、设计品质与日程管理等。

3. 文创产品设计评估

文创产品设计评估是管理层在设计过程中，通过系统的设计检查来确保文创产品设计项目最终达到设计目标的有效方法。其主要功能是及时排除文创产品设计中存在的问题，确保文创产品设计质量和最大限度地降低产品开发风险。英国的设计管理专家根据设计程序将文创产品设计评估分为需求评估、前期评估、中期评估和后期评估四个阶段。在这些阶段中，文创产品设计需求评估就是根据市场中的各种信息情报及企业内外部各种环境因素，对受众的需求因素做进一步的分析评估，以确保文创产品设计定位的准确性。文创产品设计前期评估就是在多种设计方案中，通过评估选择一个最为合适的或具有发展前景的方案。文创产品设计中期评估是指在设计的总体方案确定以后，在生产图纸形成以前进行的一次十分关键的评估，这一阶段的评估内容主要是对文创产品设计中的各个细节内容进行评估。文创产品设计后期评估是在工作样机制作和试生产结束后，在文创产品批量生产前进行的评估。

除了做好阶段评估，管理层还要做好文创产品设计评估的管理。这包括做好评估的前期准备，组织好评估工作（做好评估计划、采集评估信息数据、组织好各类评估参与人员等）。

4. 文创产品设计团队管理

文创产品设计项目的复杂性和艰巨性决定了文创产品设计项目必须由多职能的团队成员共同参与才能完成。许多事实也证明，一个获得授权的多职能团队在实施文创产品设计项目时更容易获得成功。但文创产品设计团队的成员之间往往又存在矛盾和冲突，为了能有效地解决因冲突引发的负面影响、高质量地完成文创产品设计项目，企业就必须对文创产品设计团队进行切实有效的管理。

文创产品设计团队的工作特征从总体上讲，一是文创产品设计项目要靠集体的智慧才能完成，在文创产品设计团队中，要让成员有更强的参与感和认同感；二是既要重视文创产品设计团队的作用，也要重视领军人物的个人作用；三是文创产品设计团队在设计开发一个项目时，核心成员不宜超过八人，理想的人数是五到七人。

为了使文创产品设计团队的成员在同一个项目内有效地工作，必须有一个出色的设计经理。这个设计经理必须有良好的工作能力，包括在专业技术上的能力和团队管理方面的能力；有较好的愿景规划能力；有一定的权限，包括管理和控制来自不同部门的工作人员的权限。

设计经理作为文创产品设计团队的管理者，就是要带领团队在组织上、管理机制上、工作上保持高效率，处理好团队中的不良冲突，为高质量完成文创产品设计目标做出贡献。设计经理应充分调动团队成员的积极性，发挥各成员的优势，通过合理的项目排期和项目管理确保文创产品设计项目如期完成。

（二）文创产品市场调查

文创产品市场调查是一个系统且有序的过程，它要求人们按照明确的步骤开展工作，以确保调查顺利完成，并达到既定的目标。这个过程主要包括五个关键步骤：确定调查主题与调查目标、制订调查计划、实施调查计划、提出调查报告。

1. 确定调查主题与调查目标

在制订文创产品的市场策略时，企业需要考虑较多因素，因此，不同主题和目标的市场调查需求也各不相同。每一轮市场调查的关键在于识别并专注于当前最紧急、最核心的问题，这样才能确保调查的主题明确，避免主题过于宽泛而导致调查成果无法有效支持决策。同时，选定的调查主题也需适度广泛，以防止过于狭窄的主题限制了调查的深度和广度，影响调查结果的实用性。调查目标可以分为探索性调查、描述性调查和因果关系调查三种类型。

（1）探索性调查

当文创产品的市场表现开始出现波动（销量下降）时，原因可能包括市场竞争加剧、新替代品的出现、消费者偏好的转变或产品质量问题等。在这种情况下，企业需要深入挖掘问题根源，这时候探索性调查就显得尤为重要。通过这种调查，企业可以收集初步的信息和数据，明确问题的本质，确定后续调查的具体方向和范围。探索性调查不仅有助于企业识别当前的问题，还能帮助企业挖掘潜在的发展机会，为企业提供根据市场环境变化做出决策的新视角和依据。

（2）描述性调查

在制订或调整文创产品的营销策略时，企业需要对市场的各个方面进行详尽的了解和分析。描述性调查便是在这一背景下进行的，它通过收集和记录数据，对市场的状态进行全面的、客观的描述。无论是短期的调整还是长期的规划，企业都离不开对消费者需求、收入分布、产品普及率及竞争对手情况的深入了解。描述性调查为企业提供了这些必要信息，帮助企业把握市场动态，预测未来趋势，使企业制订出更加科学、合理的营销策略。

（3）因果关系调查

在文创产业中，了解不同市场因素之间的相互作用及其对企业经营成果的影响是至关重要的。因果关系调查正是为此而诞生的，它旨在分析各种因素如何影响市场表现和企业运营，如产品产量、价格调整、营销费用等是企业可以直接控制的，而销售额、成本和利润等则受到多重因素的影响。通过这种调查，企业可以明确哪些变量是由哪些具体因素驱动的，这些因素又是如何相互作用的，进而为企业提供制订或调整策略的依据。

2. 制订调查计划

在确定了文创产品的调查主题和目标之后，接下来的步骤是制订一个详尽的文创产品调查计划，调查计划的内容包括信息来源、调查方法等。

（1）确定信息来源

对于文创产品的研究，明确信息获取的渠道至关重要。根据信息的来源，它们可以被划分为初级信息和次级信息。

①初级信息是指专门为了本次调查而收集的原始数据。大多数市场调查任务都依赖于初级信息的收集。尽管获取这些信息的成本相对较高，但它们通常与所调查的问题紧密相关，可通过实地调查和详细访谈等方式获得。

②次级信息则是指为达成调查目的搜集的现有数据。进行文创产品市场调查的人员往往先通过翻阅次级数据来启动他们的调查。相较于收集初级信息，搜集次级信息的成本通常更低。然而，虽然市场调查主要依赖初级信息，但在具体领域调查内容会有所侧重，如博物馆文创产品可能更加注重对文物、典籍和历史资料的整理，而旅游景点的调查可能聚焦于地域文化、景观特征和民俗文化。

（2）确定调查方法

①按调查对象范围不同划分的调查方法。

在调查文创产品市场的过程中，选择合适的调查对象范围是一项关键的步骤，它直接关系到调查的准确性和有效性，按照市场调查对象范围不同，可以大体上将调查方法划分为两种：全面调查和抽样调查。

全面调查旨在收集关于整个市场的数据，尽管这种方法能够给企业提供最完整的市场视图，但它往往需要付出巨大的时间和财务成本，因此在实际操作中较少采用。它主要被政府机构用于执行特定任务，如人口普查或经济调查。在文创产品的市场调查中，这种方法由于其高昂的成本和复杂的执行过程而很少被使用。

相对而言，抽样调查是市场调查中更为常见的方法，它通过从目标总体中选取一定数量的个体进行调查来明确整个市场的情况。抽样调查可以分为两类：非随机抽样和随机抽样。

非随机抽样依赖调查人员的主观判断，这种方法虽然操作简便，但由于样本选择可能存在偏差，其结果的代表性和准确性往往不如随机抽样。这种抽样方法包括便利抽样、判断抽样和配额抽样等。便利抽样指根据调查人员方便来选择样本，判断抽样则是依赖调查人员的专业判断来选择样本，而配额抽样则是根据调查需要先设定各类对象的比例，然后按照这一比例来选择样本。

随机抽样则是通过随机的方式从总体中选取样本，以确保每个个体被选中的机会是平等的，这样可以最大限度地减少偏差，提高调查结果的代表性和可靠性。随机抽样的方法包括单纯随机抽样、系统抽样、分层随机抽样和分群随机抽样等。单纯随机抽样通过随机方式直接选取样本；系统抽样则是按照一定的顺序和间隔来选择样本；分层随机抽样会先将总体按特征分类，然后在每个类别中随机抽样；而分群随机抽样则是先将总体分成若干个群体，再在选定的群体中进行抽样调查。

②按照调查形式不同划分的调查方法。

在文创产品市场调查中，对数据资料的采集可以借助以下几种较为常用的调查方法：深度访谈法、观察法、问卷法。

第一，深度访谈法又称临床式无结构访问，即由训练有素、沟通技能较强的文创市场调查人员直接与调查对象进行面对面的交流，以了解调查对象在某些问题上的情感、动机、态度、观点等。深度访谈法是定性研究中经常采用的资料收集方法之一，主要是利用访谈者与受访者之间的口语交流来达成某种目的。在此过程中，需要注意访谈技巧的使用。

首先，深度访谈的优缺点。优点：灵活、细致，调查人员会提出多个可自由讨论的问题，便于调查对象对复杂的问题进行详细的讨论；沟通性较强，一对一的良好的沟通气氛，可缓解调查对象因调查内容而产生的紧张情绪；减少语意表达的失误，确保调查对象能明确无误地理解问题的含义；调查人员可做可信度评估，辨别调查对象答案的真实程度。缺点：调查质量很大程度上依赖调查人员的沟通能力和访谈技巧；统计汇总和数据处理较困难，需要专业分析人员进一步归纳和判断；时间长、费用高；实地调查中深度访谈的样本量通常有限。

其次，深度访谈的调查流程。确定访谈对象和准备记录工具；准备背景资料和询问提纲；自我介绍并说明访谈目的；引导调查对象；整理和统计分析；调查完成后，调查人员要及时整理调查笔记，检视、补记遗漏的项目。

最后，深度访谈的操作技巧。一方面，要注意访谈场所，尽可能选择比较和谐安静的访谈空间。另一方面，调查人员是企业形象的代表，在调查对象前应表现出良好的修养与个人素质。例如，穿着力求清洁简朴，目光温和，平视对方，不可盯视对方或左顾右盼；语言表达要清晰、准确，提问简单明了；言谈要友善谦和，耐心倾听并鼓励调查对象表述自己的观点。

第二，观察法是一种单向调查法，主要是由调查人员通过直接观察调查对象的行为，进行实地记录，从而获得所需资料。观察法根据具体操作方式可分为单向观察、行动跟踪等形式，操作较为简便，但需要调查人员具有较强的洞察能力。

单向观察指调查人员通过单向镜了解特定场景下调查对象的言行和表情。其关键是必须使调查对象始终处于未察觉的状态，以得到真实洞察。

行动跟踪是指调查人员在旅游景区和博物馆等地，通过游客的行动路线分析游客的兴趣点，重点关注游客停留时的接触点，进行针对性的文创设计。

第三，问卷法是定量研究的常用方法之一，是调查人员向调查对象了解情况或征询意见的调查方法。问卷包含一系列开放式和封闭式的问题，要求调查对象进行选择或判断并写出相应的答案。

问卷法运用的关键在于问卷的设计、调查对象的选择和控制。首先，问卷设计需要把握调查对象的心理特征，遵循一定的心理顺序，以防调查对象感到不舒服。其次，了解调查对象的理解能力，调查对象选择是否准确、问卷的问题设置是否能够洞察调查对象的动机，调查人员应做好事前预判。最后，为适应不同需求，应设置好问卷的层级和逻辑，避免调查对象过于单一，从而得到不同层次人群的需求数据。问卷法的优势是成本低、数量大，能够较快地得到反馈。在互联网时代，在线问卷也为问卷法实施提供了许多便利，使其受到的限制越来越少。

3. 实施调查计划

在实施调查计划时，整个过程可分为数据收集和数据处理与分析两个关键环节。

（1）数据收集环节

在这一阶段，文创项目的负责人需保持警觉，确保数据收集过程无误，以保障调查的准确性。例如，在采用观察法进行数据收集时，项目负责人必须警惕任何可能的信息遗漏；在利用问卷法调查时，需防止调查人员引导调查对象提供有偏差的答案，同时解决调查对象可能存在的不配合问题；在用实验法收集数据时，则需要严格控制实验环境，确保结果的客观性和可信度。

（2）数据处理与分析环节

收集来的数据必须经过严格的处理和科学的分析，才能保证真实性和精确性。数据处理步骤涵盖了资料的归类、合成与精炼，其中保证信息的准确和完整是数据处理的关键。数据处理工作完成后，接下来进行的分析工作要以调查结果为基础。数据分析根据其性质可分为定性分析和定量分析，根据分析方法可分为经验分析和数学分析。随着技术的进步，应用数学分析方法进行定量分析成为越来越多企业的选择。

通过运用高级统计学技术和决策分析模型，并结合经验判断，可以显著提升调查分析的科学性和准确性。这种方法论的应用，不仅加强了文创产品市场调查的学术性，也为企业做出科学决策提供了支持。

4. 提出调查报告

在对文创市场调查资料处理分析的基础上，调查人员要得出调查结论，并以调查报告的形式总结文创市场的调查结果。通过调查报告，管理层可以初步了解文创市场发展现状，从而根据市场现状提出设计策略和解决方案，调查报告对于管理人员、设计师、营销人员等都具有重要的参考价值。

二、文创产品受众行为分析与用户画像

（一）文创产品受众行为分析

文创产品市场调查的核心任务是深入探讨目标受众的行为特征。营销策略成功的关键在于文创产品能够准确满足目标受众的需求。这就要求企业对目标受众的购买动力、需求和喜好有深刻的理解，通过对这些因素的细致分析，为新产品

的开发、定价、分销渠道和促销活动的规划提供有价值的指导。分析目标受众行为涉及几个方面：文创产品受众行为分析、文创产品市场分析、文创产品受众购买行为模式、影响文创产品受众购买行为的主要因素、受众购买决策过程等。

1. 文创产品受众行为分析

分析文创产品受众行为这项工作涉及多个学科的内容，旨在深入理解产品受众购买行为的内在动机和外在表现，以指导营销决策。

① 从心理学视角研究受众的驱动力、感知、学习过程、态度及个性特征，揭示这些心理因素如何塑造他们的购买行为。

② 从社会学视角关注受众所处的社会环境，包括社会阶层、家庭构成及他们所属的社会群体，探讨这些社会因素如何影响受众的行为模式。

③ 从传播学的角度关注受众获取产品信息的途径、信息收集的渠道及对市场宣传活动的响应，从而了解信息该如何影响受众的认知和购买决策。

④ 经济学视角则聚焦于受众的财务状况，分析其如何选择产品、分配支出，以及如何在有限的资源下做出最能满足需求的购买决策。

⑤ 从文化人类学的角度考察传统文化、价值观、信仰系统和社会习俗如何塑造受众的购买行为，了解深层文化因素对受众购买决策的影响。

2. 文创产品市场分析

文创产品市场，主要由广泛关注文化领域的受众组成。这些受众购买文创产品主要是为了满足个人或家庭的文化生活需求，而非出于商业利润的目的。文创产品受众的独特属性深刻影响了该市场的特征。

①市场范围广泛，购买群体相对集中于特定地点，如博物馆和旅游景区等。

②市场对产品的需求具有较高的灵活性。文创产品种类多样，有不同层次的受众。

③受众多为具备一定文化背景知识的专家或相关爱好者。

④受众在购买过程中注重情感体验和第一印象，因此他们的购买行为易受到文化创意宣传、文化场景氛围及服务质量的影响。

⑤大部分文创产品，除了少数高端耐用品，通常不需要复杂的技术支持。

3. 文创产品受众购买行为模式

文创产品受众购买行为模式是较为复杂的，涉及受众在购买过程中展现出的多样化行为。这个过程可以被视为一个完整的行为系统，通常由六个核心要素组成，即“5W1H”：谁买（Who），买什么（What），为什么买（Why），什么时候买（When），在哪里买（Where），以及如何购买（How）。

在探讨受众在文创产品选购过程中的行为模式时，人们可将这一过程视为，在外部刺激影响下，受众的一系列内在反应。这个模型可以简化为一个“黑箱”系统，能揭示外部刺激如何转化为具体的购买行为。受众面临的外部刺激分为两大类：首先是产品、价格、渠道和促销等营销刺激；其次是政治、经济、文化和技术等其他刺激。它们共同构成了受众购买行为的外部刺激。受众的文创产品购买行为在很大程度上会受文化环境的深刻影响。

在“黑箱”系统中，受众购买行为的内部处理机制分为两个核心环节。第一个环节涵盖了受众基本特征，这包括社会、文化、个人和心理等方面的因素，它们共同影响了受众对外部刺激的识别和反应，导致不同受众对相同刺激的反应存在差异。第二个环节是受众购买决策过程，它详细描述了从感知需求、搜集信息、评估选择、决定购买到评价体验的过程，这个过程决定了受众的购买行为取向，使其最终形成购买决定。

4. 影响文创产品受众购买行为的主要因素

受众在选择文创产品时的行为受到各种内在因素与外在因素的影响。这些因素共同决定了受众的需求、欲望及最终的购买决策。内在因素主要涉及受众的个体特征和心理因素，如个人价值观、信仰、情感和认知等；而外在因素则包括受众所处环境的各种因素。尽管这些影响因素中有许多超出了企业的直接控制范围，但它们仍然是制订市场策略时必须认真考虑的因素。

（1）文创产品受众的个体特征

受众的个体特征对其购买行为有显著影响，包括年龄、收入水平、职业、生活方式及性格等，这些都是企业在制订市场策略时应当密切关注的关键点。不同的个体特征意味着不同的购买偏好、选择。例如，年龄差异导致儿童偏好玩具和文具，而老年人更注重保健产品；职业背景也会影响消费偏好，教师可能倾向于购买具有文化价值的产品，而设计师可能偏好设计独特的产品；经济状况也是决定受众购买选择的重要因素，高收入人群倾向于购买体现个人身份和艺术品位的高端产品，而低收入人群则更注重商品的实用性。通过深入了解目标受众的个性化需求，设计师可以更精准地定位产品属性，如湖南博物院就根据不同受众群体的特征推出了针对中老年人的保健品、针对年轻人的护肤品及面向儿童的趣味玩具。

（2）文创产品受众的心理因素

在分析文创产品受众的心理因素时，心理学领域的一些理论提供了参考，尤其是人本主义心理学家马斯洛的需求层次理论，该理论对于企业理解受众行为极具启示。马斯洛将人的需求分成五个基本层次，认为这些需求从基础到高级依次排列，在一个层次的需求被满足后，人们才会追求更高层次的需求。

生理需求：作为最基本的需求，涉及生存必需的各种条件，如食物、水、住所和衣物。

安全需求：涵盖了保障个人安全和生活稳定的各种需求，如健康保障、安全住所和经济安全。

社交需求：指人与人之间的情感联系和社会归属感，包括友情、爱情和社会接纳等。

尊重需求：关注个人的自尊、社会地位和他人认可，包括成就、名誉和领导地位等。

自我实现需求：代表了个人潜能的实现和个人理想的追求，是需求层次中的最高层次。

文创产品因能够触及人的情感和精神世界，往往有能力满足受众的高层次需求，如尊重需求和自我实现需求。马斯洛强调了人的需求是多层次的，并且随着低层次需求被满足，人们将追求更高层次的精神和情感需求。这为文创产品的市场营销策略制订提供了宝贵的指导，即通过满足受众更高层次的需求来吸引和留住他们。

（3）影响受众的文化因素

文化因素对于受众的需求和购买决策具有较大影响。作为人类精神活动及其产物的总和，文化深刻影响着人们的行为模式，这些行为大多是人们通过后天学习，在特定的文化环境中形成的。文化的影响主要体现在亚文化和社会阶层两个方面。

①亚文化：在广阔的文化体系中，存在着众多较小的亚文化群体，这些群体通过共享特定的内容将其成员紧密联系在一起，从而使成员形成独特的价值观、生活方式和行为习惯。

②社会阶层：任何类型的社会结构中都存在着不同的阶层，属于同一阶层的成员通常会拥有相似的兴趣、价值观和行为模式。个体在社会阶层中的位置是可以变动的，个体既可以通过个人努力进入更高的社会阶层，也可能会因为各种原因降至较低的社会阶层。

（4）影响受众的社会因素

受众的购买习惯不仅受文化因素的影响，而且也深受其社交环境，即社会因素的影响。这些社会因素主要来自受众生活中的人际关系，如来自参照团体、家庭，以及个人所扮演的社会角色和所处的社会地位。

①参照团体指的是那些能够对个体的态度、行动和信念产生直接或间接影响的集体。个人往往是这些集体的成员。对于那些产品或品牌受参照团体影响较大的企业而言，识别出这些团体中的"意见领袖"是关键。

②受众的家庭对其购买决策有着显著影响。人们从父母那里直接或间接学到了许多思维模式、知识和价值观，而且配偶和子女也会对其购买行为产生影响。因此，家庭在受众购买文创产品的过程中产生了较大影响。

③个人在不同社交场合中扮演的角色定义了他们的身份。一个人在各种群体中的角色和地位会影响其购买行为。这些因素会共同作用于受众，影响其对产品的选择和购买行为。

5. 文创产品受众购买决策过程

文创产品受众购买决策过程是较为复杂的过程。这个过程既包括受众的外在购买行动即程序性过程，也涵盖了其内在的心理动力即心理性过程，二者在购买决策过程中相互作用。

（1）程序性过程

受众在选择文创产品时遵循的一系列步骤构成了其购买的程序性过程。这个过程从受众识别需求开始，接着是搜集相关信息，评估可选方案，做出购买决定，最后是对所购买产品的后续评价。在整个购买过程中，受众对文创产品中文化元素的考量是一个持续的过程。

（2）心理性过程

与程序性过程相辅相成的是受众的心理性过程，这一过程涉及受众的内心活动和心理状态的变化。从对产品的初步认知开始，经过知识获取和评估，建立对产品的信任，最终促成购买行为的发生，并在购买后形成对产品的体验反馈。这些环节反映了受众从认知到情感再到选择的心理变化过程。

这两个过程共同构成了文创产品受众购买决策模型，反映了受众如何在内外多种因素的影响下做出购买选择，并对购买结果进行评估。

（二）文创产品用户画像

用户画像又称为用户角色，它是建立在一系列真实数据之上的目标用户模型，能够完美诠释一个用户的信息全貌。被誉为交互设计之父的艾伦·库珀曾提到过用户画像这一概念。用户画像旨在通过聚焦目标用户的动机和行为，来指导产品开发。库珀提倡创建基于广泛真实数据（如性别、年龄、用户行为等）的目标用户虚拟模型，以深入洞察用户需求。这种模型通常被称为用户画像，是对目标用户综合信息的虚拟描述，其核心在于为用户贴上准确的“标签”，从而精确捕捉用户特征。

构建文创产品的用户画像应遵循三项基本原则：首先，侧重于统计用户的数量并收集用户信用信息；其次，关注与业务高度相关的信息；最后，主要采用定性数据。有效的用户画像应涵盖五大类信息：人口属性、信用属性、消费习惯、兴趣爱好及社交特征，这些信息共同构成了一套全面覆盖业务需求的强相关数据集，极大地增强了企业决策的准确度。通过精确的用户画像，企业能够实现产品和服务的精准对接，进而开展针对性的产品开发和设计工作。这不仅能满足目标用户的个性化需求，实现按需定制，也为企业的战略发展提供了坚实的基础。简而言之，用户画像的制订和应用是在全面理解用户的基础上开始的，通过标签化的方式，为产品定位和产品市场营销策略制订提供了科学依据。

在构建用户画像的过程中，企业采用的方法通常包括定性分析和定量分析两种。在缺乏初始数据的产品设计阶段，企业要先从定性分析着手，利用用户访谈等方法收集数据，以构建初步的用户画像。随后，企业可通过定量的研究方法对这些初步画像进行精确化和验证。为了逐步明确用户画像，企业可以使用贴纸墙分类和视觉化分类的手段。这一过程从将关键信息整理成卡片开始，然后便是设计团队进行集体讨论和信息补充，之后，通过将墙面上相似或相关信息的卡片集中贴合，并对每组卡片做出描述，来进行明显的标记和总结，根据目标用户的不同特性、行为和观念，将用户分为多个独特的群体。每个群体中都要有代表性的特征，企业要给予其具体的命名，并配上形象的照片，结合包含用户数量和典型场景的信息构建出完整的用户画像。例如，在旅游业中，用户画像应当包含不同角色的用户，如独立旅行者、团体游客、导游和旅游产业的利益相关者（纪念品店、餐厅、旅馆经营者等）。用户画像的价值在于其能够细化到特定的用户群体，如教师、学生、企业家等，从而为产品设计和服务提供更有针对性的指导。

服务业就将游客、当地农民和城镇青年归纳成了三类用户画像。他们还结合了真实的调研数据，将用户的典型特征加入用户画像中。与此同时，研究团队还在用户画像中加入了描述性的元素和场景，如愿景、期望、痛点的情景描述。由此让用户画像更加丰满和真实，也使其更容易被记忆并形成团队的工作目标。企业在用户画像制作中需要注意的问题如下：第一，用户画像要建立在真实的数据之上；第二，当有多个用户画像的时候，需要考虑用户画像的优先级，如果同时为几个用户设计产品，往往容易产生需求冲突；第三，用户画像是在不断修正的，随着调研的深入，会有更清晰准确的用户画像。

三、文创产品设计定位与头脑风暴

（一）文创产品设计定位

在文化创意产业中，一个产品如何在潜在用户心中建立其独特的地位，即文创产品的市场定位，是至关重要的。这要求企业在设计阶段结合商业分析和市场需求，为产品规划一个适宜的发展轨迹，确保其在未来市场竞争中保持优势。这个过程要求设计师在动手设计前进行深入的问题探讨和市场分析。设计定位的准确性直接影响到产品设计工作的成功与否，因此在进行产品设计之前，设计师必须基于充分的市场研究和分析来明确设计定位。若缺乏清晰的设计定位，设计师可能会陷入无目的的创作过程中，导致无法针对性地解决设计过程中遇到的关键问题，进而影响到产品设计的方向性和目标的实现。

文创产品的设计定位是整个产品开发流程中的导向和基石。它不仅为设计师提供了设计方向，而且还确立了开发过程中的战略目标。设计定位往往具有理论性，它关注的是一些原则性、方向性乃至抽象性的概念。在设计初期，创意的发散性、灵活性和不确定性使得设计的焦点呈现多元化和多样性的特征。设计本身是充满思维活动的动态事件，呈现为一个重复并不断向上的过程。因此，确定设计定位的过程本质上是寻求设计最优解的过程，是制订产品开发战略的关键。

最佳设计点指的是设计师与用户之间的一个平衡点，利用这个平衡点设计出的文创产品既能满足用户需求又能体现设计师的创意。在追求这个平衡点时，设计师应当综合考虑多种条件和基本元素，基于这些因素进行综合的定性与定量分析，以此为确定设计定位的依据。在实践中，设计师运用的设计定位方法包括以下几种不同的类型。

1. 文创产品目标用户定位

在文创产品的设计和开发过程中，明确其目标受众是首要任务之一。明确这个文创产品是为哪一类人设计的，是文创产品设计的关键。明确目标用户的性别、年龄、收入水平等特征对于确定文创产品的功能特性至关重要。所有的营销活动都是围绕这个目标用户展开的，如果目标用户定位不准确，就可能导致设计工作效率低下。

2. 文创产品价格定位

在文创产品市场中，用户对于购物这件事持有更加理性的态度，他们追求的是性价比高的文创产品，希望物超所值。文创产品具有独特的情感价值，往往带有一定的附加价值，这使得文创产品的价格定位变得格外关键。在进行文创产品价格定位时，企业不能仅仅按照传统的低、中、高档次简单分类，而是需要进行深入的市场调研，全面地考虑各种因素。

3. 文创产品功能定位

文创产品功能定位是在明确了目标市场和价格的基础上，依据目标用户的需求特征和文创产品本身的特点，对预设计文创产品应有的核心和附加功能进行明确规划的过程。这一过程的关键在于使文创产品拥有与众不同的功能，从而在用户心中占据一个专属区域，清楚地传达产品能提供何种价值，以及如何影响或改善用户的生活方式。

文创产品的功能定位需要结合消费市场的具体需求来确定，要使文创产品具有实际使用价值。例如，在雨伞这一产品类别中，功能定位应考虑用户对时尚性、防雨防晒、轻便性、耐用性及安全性（如防止刮伤）等方面的需求。不同的目标群体对这些功能的重视程度各不相同，形成了各自的消费偏好，通过精准定位各个特定的需求群体，企业可以最大程度地满足市场上不同用户的需求，进而获得更大的市场份额。

4. 文创产品质量定位

品质定位，也称质量定位，是一种通过明确产品品质好坏来进行销售的定位策略。它依赖用户对产品品质的感知，通过激发他们的需求和购买意愿，从而在用户心中确立产品形象。在所有的产品定位策略中，质量定位占据极其关键的位置，因为用户在购买过程中总会将产品质量视为首要考虑的因素。存在质量问题的产品不仅可能导致用户产生经济损失，更会引起用户对产品品牌的不满。在质量定位上，有的产品追求卓越，注重细节和工艺，旨在满足用户长期使用或收藏的需要；而有的产品则采取“一次性使用”的理念，只需在正常使用期内满足用户基本需求即可。过分追求高品质可能会导致资源的不必要浪费，因此，设计师也应考虑产品使用的可持续性。面对市场上众多的仿冒和劣质产品，文创产品的质量定位问题成了企业在当前市场中的一大挑战。

（二）文创产品开发中的头脑风暴

头脑风暴法又称智力激励法，是设计师在文创产品设计过程中进行设计构思时最常用的一种方式。具体指一群设计师以会议的方式，围绕某一特定的主题，通过集体讨论发言的形式互相交流，让个体思维互相撞击、互相启发，进而弥补个体的知识漏洞，建立发散思维，引起创造性设想的连锁反应，从而获得较多解决问题的方法。

此法易于突破常规思维，最初被用在广告的创造性设计中，取得了显著的成效。这一方法引起了全世界有关学者的兴趣，并激起了人们开发创造力的热潮。目前，头脑风暴法作为一种创造性的思维方法，在预测、规划、社会问题处理、技术革新及决策等方面得到了广泛的应用，渐趋普及。

1. 文创产品开发中使用头脑风暴法的原则

头脑风暴法在文创产品开发中发挥着至关重要的作用，它依靠集体智慧在短时间内产生多种创意，为设计师解决问题提供了新的思路。为了确保头脑风暴法的效率和成功率，参与者需要遵循几个基本原则。

（1）自由畅想原则

该原则强调创新性和独特性。参与者应摆脱传统和常规思维的束缚，从各个角度和层面进行大胆的想象和提议，即使是最初看似不切实际的想法，也有可能是某个方案的起点。

（2）延迟评判原则

这一原则强调，在头脑风暴过程中，所有参与者提出的想法都应被视为有价值的，不应对它们进行即时的评价或判断。每个提议都应被记录下来，不分优劣。这种做法有助于团队充分认可每位参与者的贡献，保持一个积极的创意生成环境。推迟对想法的评价和判断的做法可以避免参与者的创造性思维受到限制，同时使参与者能够专注于生成尽可能多的创意。此外，防止参与者在头脑风暴阶段使用自我贬低或相互批评的言辞也同样重要，因为这样的言论可能会破坏头脑风暴的思维氛围，阻碍自由流畅想法的生成。

（3）追求数量优先原则

实施头脑风暴法的目的是利用有限的时间形成更多的创意，每位设计师都应致力于贡献更多想法，并基于他人的想法进一步创新。强调数量优先原则是基于一个简单的逻辑：只有通过生成大量的设想，才有可能确保其中一部分达到高质量标准。国际调查显示，在相同时间内，能提出数量是常人两倍的设想的人，其提出的有实际应用价值的创意可能会比常人多十倍。因此，所有参与者都应在会议中积极思考并提出尽可能多的设想，而设想的质量评估则应留到头脑风暴结束之后进行。实际上，创意的数量与质量之间存在密切联系，越多的创意产出就意味着团队有更大的机会获得新方案。

（4）相互综合完善原则

该原则要求团队在头脑风暴阶段确保每个参与者提出的想法都能被及时记录并保存，保证在设计的后续阶段团队能够对这些想法进行进一步的开发和拓展。头脑风暴的想法提出阶段结束后，团队成员应共同参与，对所有已提出的想法进行归纳和整合。整个过程可以分为以下几个步骤：一是为每一个提出的想法命名，使其具有辨识度；二是使用专业术语对每个想法进行详细描述；三是筛选出重复或相辅相成的想法，并就这些想法进行深入讨论和改进；四是根据想法的相似性或相同特点进行分组；五是对所有的想法进行详细分析和整理，并通过严格的评审筛选出具有价值的想法。通过这种系统化的程序，团队可以从头脑风暴阶段产生的众多想法中提炼出最具创新性和应用潜力的文创产品开发方案。

2. 文创产品开发中的头脑风暴实施程序

在文创产品开发过程中，头脑风暴是一项要求参与者发散思维的活动，但其执行需遵循一定的步骤。这项活动从启动阶段开始，经过想法生成阶段，最终达到想法整合、完善阶段，每个环节都至关重要。头脑风暴实施程序具体如下。

（1）初始的“热身”阶段

人的思维不能立刻启动并快速进入紧张的工作状态，其需要一个渐进的“热身”过程。在头脑风暴会议开始前，参与者通常处于较为松散的状态，因此就需要一个准备阶段来调整自身状态。领导者可以通过引导参与者参加一些可以热身和放松的活动，如小游戏、讲述幽默故事、提出一些与会议主题略微相关的问题等，以调节会议的氛围。这个阶段对于放松参与者身心极为关键，它直接影响到之后思维发散的效率。只有在一个轻松自由的环境中，参与者才能最大程度地打开思路，积极并自由地表达自己的观点。

（2）明确讨论的主题

如果需要讨论的问题范围过广或包含的因素过多，团队就应将问题细分为更具体的子问题，每次头脑风暴会议最好只针对一个子问题进行讨论。由领导者介绍问题，参与者一起讨论问题的核心，进而在头脑风暴会议上进行有针对性的思维发散。领导者介绍问题应简明扼要，不给问题设限，要留给参与者较为宽泛的思维空间，以便于后期参与者的思维碰撞。在提出问题时，领导者应从多个维度考虑，注意提出问题的技巧，注重问题的启发性。

（3）畅所欲言阶段

畅所欲言阶段也是参与者发散思维的阶段，参与者之间最好能够思维互补、情绪激励，充分利用联想、想象和夸张等思维方式，达到发散思维的最佳状态。

在畅想阶段，各成员之间不能相互攀谈，应该独立思考，不受他人思维的限制和影响。在方案讨论阶段，参与者应该畅所欲言，提出自己在畅想阶段的大量设想，领导者也应适时引导和组织，但不能加以限制。

（4）方案完善确定

在畅想阶段得到的结果往往是没有经过深入思考的一些想法，这些想法也没有受到一些维度的限制和评价。在方案的完善和确定阶段，参与者需要利用已经生成的想法互相激发，提出先前未考虑到的新设想，以此增加更多的创意。紧接着，就要对这些想法进行评估和筛选。这一步骤可以通过对设想进行分类来实现。将那些明显具有可行性的好想法分为一类，而那些显然不切实际或超出讨论范围的想法则分为另一类，利用集体的智慧来决定哪些想法应该保留，哪些应该放弃。随后，基于一系列综合评估因素，选出几个最优的方案，并进行进一步地讨论和改进，最终确定最佳方案。这一过程旨在确保方案既创新又实用。

头脑风暴可根据实际情况进行程序方面的调整，如有时一次头脑风暴并不能得到满意或数量足够的方案，团队可根据实际情况进行多次头脑风暴，但每次头脑风暴时间间隔不应过于短暂。

四、文创产品设计三维表现技巧与平面表现技巧

（一）文创产品设计三维表现技巧

文创产品设计三维表现图涉及产品的形态、色彩、结构、尺寸比例和材料等多个方面。这些三维表现图可以分为三类：草图、工程制图和建模效果图，它们共同构成了设计的核心，能够深刻和真实地呈现设计师的设计思路。基于透视画法，利用各种表现技巧和方法的三维表现图绘制技能是设计师职业技能的重要组成部分。设计师在这一过程中的主要任务是围绕核心设计主题，清晰地传达设计理念和信息，并在此基础上对设计方案进行深入的研究与分析。这一系列活动旨在将初始的创意转化为现实中的产品。为了更好地实现这一目标，设计师通常会利用多种媒介来展示自己的设计构思，从而获得企业决策者和目标用户的理解和支持。

1. 文创产品设计草图

（1）文创产品设计草图分类

在文创产品设计过程中，草图的表现形式会随着设计阶段的不同而有所区别。草图作为设计表达的初级阶段，根据其功能和用途，主要可以分为三类：概念草图、形态草图及结构草图。

①概念草图是设计师对产品整体形态感知情况和初始设计思路的直观表达，是设计师呈现概念性想法的最基础形式，通常以简约的图形为主。这类草图设计的重点在于思维过程的连续展开，设计师可通过图形的形式发散创意思维，研究产品形态的变化过程，并对产品形态进行初步构想。此类草图只要设计师自己能够理解就足够了，没有必要向他人传达。设计师在最初阶段思考多种设计方向时，需要迅速捕捉头脑中潜在的想法，不必过多考虑细节。因此，概念草图在表现技法上没有特别要求。

②形态草图。形态草图是设计师用可视的绘画语言来粗略勾画，进而具体准确表达文创产品设计方案的草图。这种草图可以有局部的变化，便于设计师选择理想的设计方案。形态草图可借助马克笔、水彩、色粉等工具勾画。

③结构草图。绘制结构草图的目的是找出结构与造型、结构与功能的内在联系，以便于理解、分析产品的结构。

（2）文创产品设计草图的表现技巧及方法

文创产品设计草图要在较短的时间内表达一定的主题和内容，是设计师对整体效果和感觉的记录，无须太多深入的细节刻画。草图是设计师创意呈现的方式之一，最终的目的是要将创意构思转化为能落地的产品。设计师在进行产品草图绘制时需要考虑产品设计的特殊要求，如工艺、材料、功能、人机关系等，力求清晰的表现自己的设计想法，是一种较为理性的表现方式。因此，在绘制草图时，设计师不需要像绘画那样追求所谓的错落有致，如飞笔、顿笔或颤笔等表现符号。

（3）文创产品设计草图需要注意的内容

①透视法。“透视”是指用线条或色彩在平面上描绘物体的空间关系的方法或技术。文创产品设计中使用的透视法是一种把映入人们眼帘的三维世界在二维的平面上加以表现的方法。由于文创产品设计要求设计师在有限的时间内不断深化和完善创意构思，对透视精确度要求不高，因此在快速表现时，设计师无须画标准的透视图，但是心中必须有透视的概念，需要了解和熟悉透视作图的基本原理和基本方法。通过比较多的透视图练习，设计师一般能够较好地掌握透视变化

规律，能够正确选择表现产品的透视角度和透视方向。文创产品设计透视图的一般设计规律如下。

第一，近大远小：产品存在等长的线条时，远处长，近处短。产品的大小、线的粗细、色彩明度、纯度等都会因视距的变化而变化。

第二，近实远虚：因视觉透视形成的物象近处实、远处虚，在产品平面图中表现为线的深浅、冷暖变化，明暗对比强弱等。

第三，产品透视图视平线的高低：视平线是指与眼睛等高，呈现在眼前的一条水平横线。其可根据产品主要形态特征和主操作面的位置来确定，以三个观察面为佳。

一般来说，透视的类型从总体上可分为两种：焦点透视和散点透视。其中，焦点透视又可以分为一点透视、两点透视和三点透视。三点透视在表现与人体尺寸差别巨大的物体时最常用，常在建筑设计中使用，但文创产品一般没有如此尺寸的物体。一点透视和两点透视在文创产品设计中最为常用。一点透视又称平行透视，在此透视结构中，只有一个透视消失点。正立面为等比例绘制，没有透视变化，适合表现一些主特征面和功能面均设置在正立面的产品，如电视机、仪表盘等。当物体的一个面和画面成角时，其物体在画面的透视为成角透视，透视线消失于视平线两侧的灭点位置，这是两点透视，适合表现大多数产品。

②视角。人们一般把视角分成两种，一种是物体的摆放角度，另一种是人的观察角度。在展示文创产品时，选择合适的视角至关重要，因为它直接影响到产品展示的效果。选择视角时，设计师主要考虑以下几个要点。

第一，选择的视角需要能够全面展示设计师的创意、产品的关键特征及细节。这意味着此视角应能够展示产品的独特之处，包括形状、结构和设计细节等。

第二，对于大型产品，较低的观察视线通常能更好地展现其全貌；而对于较小的产品而言，从上方观察能突显其细节。

第三，选取的视角还应当能够激发观者的兴趣，使产品的主要特征面和功能面在观者视线中占据主导地位，吸引其注意力。

③构图。构图是利用设计原则，将各种艺术元素在有限的空间内进行有序排列的过程。设计师需在给定的空间或平面中，结合所要表达的主题和形象，组织相关元素，以形成一个具有特定结构的整体。众所周知，艺术作品的形式美是必不可少的，它能直接满足人们的审美需求，而构图恰恰是这种形式美的基础所在。在方案展示环节，一个完善的设计草图能显著提升作品的整体“品格”，使其在正式的设计讨论和评审中更易被人们接受和认可。因此，构图和布局是设计过程

中需要重点关注的方面。此外，适当使用图标、指示箭头等辅助元素可以使草图的表现效果更加丰富和生动，而一个流畅的签名则能展示设计师的自信和个性。综上所述，精心设计的构图不仅能够增强草图的视觉吸引力，还能有效传达设计师的创意思想和设计意图。

2. 文创产品设计工程制图

在文创产品设计工程制图中，较为简单的工程制图是指产品的三面投影图，也叫三视图，即主视图、俯视图、侧视图。

工程制图是设计师创意表达的最后阶段，它联系设计与生产，是把二维设计具体化的必要手段，为工程结构设计、外观造型加工提供了数据支持，是设计表达不可缺少的阶段。另外，文创产品设计工程制图也是产品设计三维表达的视觉语言，是设计师和工程师的交流语言。

3. 文创产品设计建模效果图

文创产品设计建模效果图应能清晰且准确地表达产品的造型、色彩、结构、材质，甚至是功能。在初步评估和筛选了多个草图方案及其变体之后，设计师需要挑选出几个具有较高可行性的方案，然后在更严格的条件下对其进一步的深化。在此阶段，设计师需要采取严谨和理性的态度，全面考虑各种限制因素。在现今的文创产品设计中，借助二维绘图软件、数位绘图板及计算机辅助设计建模工具等进行设计是较为常见的设计形式，计算机辅助设计建模工具有手绘代替不了的优势，它能够有效传达设计师预想的真实效果，为实体文创产品制作奠定基础。

（1）计算机建模

计算机建模是一个使平面化表达变成立体化表达的过程，能更加直观地表达设计师的创意。建模的过程也是一个调整地过程，在草图中，尺寸概念很模糊，难免会与构思有一些出入，设计师在建模时可以根据参数进行调整，完善文创产品的合理性和完整性。

在建模的整个过程中，细节处理也相当重要，文创产品的细节表现得越丰富，越能够展现文创产品的真实性，如边缘的一个小倒角、壳体之间的装饰缝、小图标等。

（2）渲染

虽然有人认为“设计占三分，渲染占七分”这种说法可能过于片面，但它确实强调了渲染效果在文创产品设计中的重要性。良好的渲染能够使产品看上去更加完整且达到接近商业级别的效果，通过渲染，产品能够以一种近乎真实的形态呈现，让用户能够直观地感受到其存在。

文创产品的渲染有三个核心要素：光影、材质和配色。光影负责展示文创产品的细节；材质用以表现文创产品的质地；而配色则是用来增强文创产品的层次和人的感官体验。在渲染过程中，持续的调整和尝试是必需的，可以确保这三个要素被充分理解和应用，从而达到最佳的渲染效果。

（3）效果图处理

效果图的处理步骤旨在弥补直接渲染可能遗留的不足，一般通过后期处理实现。在实际操作中，设计师常使用平面设计软件对其进行调整，可能包括添加标识、优化纹理效果等，以提升最终效果图的质量。

（二）文创产品设计平面表现技巧

1. 视觉元素的提取与转换

设计始于概念的构思，自概念形成之初至项目终结，设计师需做出若干选择，涵盖图像的形状、尺寸、质感、色彩等。设计师先要确立设计意图和概念，随后依据这些概念的性质与表现需求创造出恰当的形态与图像，令其转化为传达概念的视觉载体。

“形”的探索与变化。“形”指物体展现的外观和结构。在中国绘画理论中，形似是指再现自然界形态的视觉要素；而神似则涉及形象在精神层面的特点。提炼“形”并非简单复制，而是对符号进行重新创意。这种重新创意基于对原型的深刻理解，通过现代审美观念对原始元素进行改良、精炼和应用，赋予其时代特征；或将现有素材的造型技巧和表现方式应用于当代设计，以传达设计观念，同时展现其独特性。

“意”的继承与扩展。设计师在设计过程中不仅要对产品基本形态进行提炼和创新，还需探寻和挖掘其背后蕴含的“意”。无论古今，人们对美的追求是共通的，因此，除了展现能引起共鸣的“意”，设计师还要在内涵上进行继承，进而扩展出新颖、更深层的理念与精神，增强产品的文化性和社会性。在文创产品设计中，利用“意”的演绎可以更有效地继承和传播其文化价值。例如，在中国传统文化中，米缸上贴“满”字，寓意粮食丰收、财富充盈，将米缸形态设计成存在于现代生活场景中的储钱罐，沿用了财富充盈的寓意，充满趣味。

“势”的体会与传承。“势”通常指图形所蕴含的气韵及其所表现出来的态势和气氛。“势”能传达整个图形的精神。在“势”这一点上，较有代表性的还是传统艺术中的中国书法。书法是人们从观察自然界万物姿态的过程中得出，精心结体而成的，经过几千年的发展演变，形成了多种个性与风格。可以看出：大篆粗犷有力、写实豪放；小篆字体柔婉、结构严谨；隶书端庄古雅；楷书工整秀丽；行书活泼欢畅、气脉相通；草书飞动流转、自由洒脱。书法不仅重结体，更重笔势。结体仅仅是书法运笔的依据，而书法个性形态的形成还是靠“笔不到而意到”的笔“势”。“势”的体会与传承是对“形”和“意”的沿用，可以说是对后者的发展和提升；而创造一种新形式则需要人们摆脱传统的物化表象，进入深层的精神领域去探寻。

2. 文创产品平面表现风格

（1）平面装饰风格

图形设计的一个显著特性是平面化表达，这种方式将三维世界的个体转化为二维平面内的某种形象，以二维视角进行展现，旨在创造出充满活力、平衡而且生动的图形效果。这种表现形式主要体现在两个层面：一是在形态设计上的平面化处理，二是在布局上的平面化安排。在汉代的瓦当与画像石作品中，人们打破了自然界和视觉的限制，采用正视和侧视的方式进行构图，这是我国成就较高的传统艺术形式。同样，中国传统民间艺术——剪纸采纳了平面化的技法，以人物和动物为主要题材，并用植物与景观衬托，营造出了浓厚的生活氛围。剪纸艺术通过简洁的线条勾勒出了主体的基本轮廓，直观展示了主体的形象。

平面装饰风格的构图自由度高，不追求视觉真实性，也不致力于对自然的精确再现。它超越了传统的时空观念限制，拥有了写实绘画无法获得的效果。在此装饰风格中，设计师将构图中的线条简化为框架线条和形状，通过不同的框架线条和形状传递独特的情感。框架线条和形状无论是突出显示，还是隐于具体图形之内，都承担着支撑整个画面的责任。

在文创产品设计中广泛应用平面装饰风格与遵循传统并行不悖。设计师需要对每个主题深入挖掘，进而揭示产品独到的内涵。简约而富有特色的图形、结合开放式思维，构成了创意的基础。通过细致观察并对身边世界进行全新理解，设计师对事物深入观察和总结归纳的能力能够得到提升。

（2）插画风格

插画涵盖了较多的图像形式，不仅补充和丰富了文本内容，也传递了设计师的思想，可以用来表达情绪。由于插画深受设计师主观意识的影响，其形式呈现出了多样性，审美观念也展现了多元化的特点。在文创产品中，插画既可反映特定文化内容与场景，也能反映设计师的内心情感。

（3）漫画卡通风格

漫画卡通风格源于动画与漫画中拟人化或漫画化的主角形象，因其生动可爱而被广泛应用于商业设计中，形成了独立的图形风格。夸张和变形构成了漫画卡通风格的核心，设计师创作时应以角色的形态、性格和特征为基础。该风格既可以通过手绘实现，也可以借助现代工具实现。漫画卡通风格较为多样，内容既可违反常规，也可构建现实中不存在的形象和情节。

在文创产品设计中，设计师可通过将无生命物体的一部分与有生命的实体结合，创造出意想不到的图形。这种组合既出人意料又打破常规。通过物体内在联系的展现，结合多个物体形态的一致性与外观的荒诞，设计师能创造出独特的图形。这种创新和超常的设计手法，有深层次的含义，可对观众的视觉感知和心灵产生强烈影响。

（4）原创风格

原创风格是指设计师依据主题创作的独有图形。中国写意画、书法、素描等多样绘画手法，即使笔触简略、风格粗犷甚至略显稚嫩，亦能充分展现设计主旨与所要传达的思想情感。这类作品展现了摄影或计算机绘图软件所无法触及的艺术境界。

装饰性原创指的是图形设计既遵循形式美学原则，又符合装饰艺术标准。这类图形通过变形、概括与装饰技巧加工，不仅传达了主题，还赋予了观者美的体验。设计师在设计装饰性图形时，对形状与色彩的精炼处理尤为重要，因为其可以提升图形的视觉冲击力。

第三章　文创产品设计中的文化体现及文创产品设计现状与发展趋势

第一节　文创产品设计中的文化体现

一、地域文化与文创产品设计

地域文化体现为区域物质与精神财富的汇聚，为设计师提供了源源不断的灵感。

（一）地域文化的形成原因及审美特征

1. 地域文化的形成原因

今日的中华文化有着历史长河中多个地域文化的精髓，各地文化既展现了共性又彰显了差异性，既有区别也经历了深度的融合。我国的地域文化主要由自然地理条件、人口迁徙、行政区划、民族等因素塑造，是在特定的区域内逐渐形成的。这种文化不仅包括历史遗迹和文化模式，还涵盖了审美偏好、社会风俗，以及生产和生活的方式，表现出鲜明的地域性特色。这些地域在审美偏好上的多样性促成了中华民族文化的多姿多彩，如巴蜀、关中、吴越、荆楚和岭南等地的文化。

2. 地域文化的审美特征

地域文化的发展历程显示了其持久性与稳定性的特点。中华民族的成长过程是一个不断适应与创新的过程，通过数千年的历史沉淀，各地文化形态逐渐展现出独特的风貌。地域文化展现了渗透性与包容性的特点。在我国历史上大部分时期由于地区间人口的流动，不同地域的文化习俗相互作用与影响，尤其在文化交汇区，孕育出具有多重地域文化特色的独特文化形态。此外，地域文化的呈现方式既具有鲜明的个性，也体现了一定的广泛性。

（二）地域文化对文创产品的影响和启示

1. 地域文化是文创产品设计的灵感和基因

地域文化既是设计灵感的源泉，也是构成产品文化基因的核心。根据英国学者泰勒的定义，所谓文化或文明，即知识、信仰、艺术、道德、法律、风俗及作为社会成员的人们所能获得的包括一切能力和习惯在内的复合性的整体。[①] 这一定义强调了文化的全面性和深刻性。在文创产品设计领域，忽视地域文化的深度不仅会使产品失去其独创性和个性，还可能导致设计作品的同质化，使其缺乏区分度和吸引力。

2. 文创产品设计可以保护和传承地域文化

文创产品设计是地域文化保护和传承的有效途径。一个人的文化认知和地域性思维的形成会受生活环境的影响和制约，它反映了特定地域内的人共享的文化行为和习惯性认知。通过文创产品的设计，设计师可以将地域文化的独特性和魅力转化为物质和精神产品，这不仅有助于保护和传承具有地域特色的文化遗产，还能增强公众对该地域文化价值的认识和尊重，进一步促进文化多样性发展。

二、中国传统美学与文创产品设计

（一）中国传统美学主张与设计特征

儒家强调“善”，儒家美学主张美与善的统一，强调善的核心地位。因此，产品不仅要有美感，还要合乎道德的要求，美与善的统一才能使人们在获得审美愉悦的同时，又陶冶了情操。儒家的美学主张还强调中和之美，中庸内敛的设计主张要求作品节制、和谐，让使用者的心境变得平和，如在中国的京剧脸谱、宫廷院落、风筝、剪纸、年画、窗花等传统艺术中，设计师常采用对称形式，强调平衡和谐之美。

道家文化是中国的本土文化，道家美学深刻地把握了美的内在本质及美学精神，是中国原点性美学的重要组成部分。道家美学主张真善美的和谐统一，反对矫揉造作，以自然和谐为法则，崇尚不雕琢的自然之美。

---

① 泰勒. 原始文化［M］. 蔡江浓，译. 杭州：浙江人民出版社，1988.

（二）中国传统美学设计特点

1. 人性化——以“仁”为基础的文创产品设计

在当代设计哲学中，设计的核心理念是以人为本，而不是以产品为本，强调设计成果主要服务于广大人民群众。这与中国传统美学观念相呼应，其中“人道主义”和“自然和谐”的概念凸显了人们对生命的尊重和爱护，赋予了设计以人的尊严和自由为导向的价值取向，彰显了以人性为中心的设计哲学。人性化设计贯穿设计的整个过程，深入探求人的基本需求，旨在全方位地尊重和关照使用者的生理、心理状态及个性尊严。

2. 和谐化——以“天人合一”为理念的文创产品设计

“天人合一”是中国传统美学命题之一，它是每一个设计都回避不了的问题，道家的“天人合一”美学思想论证的是人与自然之间的关系，从设计原则上来说体现的是一种和谐化设计原则，即在人、产品与环境之间的相互作用中寻找平衡点，通过动态的进程解决对立元素之间的冲突。这一原则强调使存在差异乃至对立的要素互相补充，融合为一个和谐统一的整体，旨在促成物质层面与精神层面等多方面因素的和谐共存。

3. 纯朴简练——注重自然本真的表达

纯朴简练的设计理念重视材质的天然特性，展现出一种朴素与简约的美感。这种设计理念依赖观众心灵感悟的深度，其作品常显现出时间的积淀，使人们产生持续的审美享受，以及长期的美学体验和心灵上的满足感。

4. 圆融内敛——象征圆满

圆融内敛的含蓄设计强调设计作品的完整性，强调作品形式和表达内容的统一性，注重象征意义的表达。

三、情感体验与文创产品设计

文创产品融合了文化元素与设计师的思维，有着个性化和多样性的特点。每件文创产品都承载着一个独特的“故事”，能带给用户不同的情感体验。作为人本主义理论之一的马斯洛需求理论刚好与诺曼的设计三层次理论形成了映射关系，即本能层次（直观感觉，主要从视、嗅、味、听和触这“五感”获得）、行为层次（交互、互动、社交等）和反思层次（背后的文化内涵、产品的品牌故事、产品的个性和差异、价值判断和选择等）。

（一）文创产品设计中的本能层次

不同用户在本能层次对产品的感知会因为产品的形态、色彩、表面纹理、气味及质感等而有所差异，此层次属于产品的物质层面，是看得见、摸得着的，是可以直观感觉到的。

文创产品在本能层次的展现主要聚焦于文化元素的物质化表达上，它通过将传统文化中的元素，如文物的形态、装饰图案等，利用现代的技术和工艺融入当代产品设计中，来满足用户现代生活的需求和审美偏好。

（二）文创产品设计中的行为层次

在行为层次上，设计师的关注点超越了纯粹的物质表达，涵盖了产品的形状、气味、颜色等多个维度。文创产品设计应围绕人们的生活习惯，产品使用方法，以及相关的仪式和过程进行，这包括但不限于产品的功能性、便捷性等方面。

（三）文创产品设计中的反思层次

反思层次通常体现在高端文创产品设计上，因其所蕴含的深层意义与内涵而被视为精神或心理层次，能唤起用户对产品的情感共鸣和记忆，与产品的意识形态紧密相连。对于文创产品设计师而言，挖掘与呈现这一层次的文化内涵是避免产品同质化、增强产品独特性的关键。产品背后的故事、情感寓意及文化特征构成了其精神内核，设计师应深入探索并表达产品内在的文化意义和价值。

四、文化符码与文创产品设计

文化符码的概念最早由法国文学家、哲学家巴贺德于 20 世纪 70 年代初在其著作《符号学体系》中提出。

文化符码在设计中的应用强调了设计师在创作过程中对文化差异进行分析的重要性。设计师可将这种有效的分析策略融入作品的设计之中，将其作为一种设计方法。

杨裕富在《设计的文化基础》一书中提到，文化符码有三个层次。

第一层次：策略层，指设计创意定位。策略层包括了设计作品的说服层次与设计作品的说故事层次，设计师在构思时应思考怎样把握文化特色的作用，怎样运用组合规则、策略元素。这个层次往往不易被察觉与分析。在文创产品中，策略层往往需要设计师对人群和文化资源进行充分分析，从而去规划设计品类和设计内容，进行有逻辑、有目的性的表达。

第二层次：意义层，指设计传达的意义。意义层包括了说故事层次与语义层次，不过在这个层次中，如果设计师与用户处于同一个文化环境，作品比较容易被察觉和分析。设计师在意义层较多考虑怎样组合器物、视觉元素，传达哪些内容，这包含传达内容的主次顺序、文字图形如何组合等。

第三层次：技术层，指设计的表现形式及手法。技术层包括了产品的美感形式层次与产品的媒介层次。当需要传达的内容确定后，技术层需要考虑各种设计元素的传达方式，也就是表现手法、表现形式、媒介等。

这三个层次是设计师在文创产品设计中常用的分析方法，是产品设计过程中的三个阶段。

第二节　文创产品设计现状与发展趋势

一、文创产品设计现状

我国的文化创意产业目前正处于探索期，面对着多个发展机遇和多重发展挑战。为了推动文化创意产业的持续健康发展，企业需要构建更多推广平台，开发新的销售途径，并利用科学技术确保产品的时代感。创新和高质量设计是文化创意产业发展的关键，但构建支持体系同样重要，其可以实现创意价值的最大化。

在我国，文化艺术建设方面的投资近年来持续增加，象征性的建筑物和艺术园区，如中国国家大剧院、北京 798 艺术区等，已成为文化发展的标志物。基于传统制造业的优势，我国正积极探索并推进文化创意产业发展，旨在为经济增长开辟新的途径，创造新的价值。

当前，在文化创意产业快速发展过程中，文创产品设计仍存在一些问题。

（一）产品同质化

在现代社会中，文创产品设计已经脱颖而出，成了设计界不容忽视的一股新势力。创意不再仅限于传统的产品设计范畴，而是广泛渗透至设计行业的诸多领域中。然而，尽管其覆盖面广泛，一些设计师还是倾向于将创意限定在一些具体物品上，如装饰性的抱枕、实用的书签等，这些小型产品因独特性不足而容易被市场忽略，从而没落于快速演变的时代之中。面对这一挑战，不断地创新便显得尤为关键，它是文创产品能否在竞争激烈的市场中突围而出的决定性因素，是设计师开辟更加宽广的发展道路的核心。尽管文化创意产业在近几年发展较快，但模仿和重复设计的现象日渐增加，许多产品同质化严重，缺乏创新性。在设计文创产品时，设计师应当将传统文化的传承与推广放在首位，不仅要在设计理念上紧扣文化主题，更要在设计手法和材料选择上勇于创新，打破常规，运用多样化的材料，深入探究文化的深层意义。同时，设计师还需要兼顾用户审美需求，准确捕捉现代市场的脉搏，确保用户在精神和视觉层面都能被满足。

当前，文化创意产业正面临一个较为严重的问题，即产品创新性不足，这一问题主要源于创新人才的不足及设计师对传统思维方式的过度依赖。特别是在文创产品设计领域，大多产品形式类似。以博物馆的文创产品为例，这类产品由艺术作品的复制品或以艺术作品为灵感设计的纪念性产品组成。这些复制品努力再现原作的外貌，意在保持博物馆的文化独特性；而纪念性产品通过对艺术品元素的提炼和再创造，转化为多样化的产品。虽然这有助于文化传播，但许多博物馆采取相似的策略进行产品开发，导致设计师在产品功能性设计，以及颜色和材料选择上缺乏创新，从而弱化了它们的文化特性。

（二）缺乏市场

在设计文创产品时，深刻理解用户的需求、感受和偏好是至关重要的。文创产品的根本价值在于向用户呈现中国传统文化，引导他们体验地域文化的独特魅力，实现对用户精神的慰藉与心灵的净化。遗憾的是，当前市场上的许多文创产品在创新方面做得不够，导致产品缺乏市场，缺少文化内涵。这种情况在一定程度上削弱了文创产品与用户之间的联系。为了扭转这一局面，设计师需要不断探索，开发出既具有创新性又富有情感深度的设计方案，真正触动用户的心灵，与用户进行更加深入的交流。

（三）等级差异大

在市场定位方面，文创产品有着明显的价格差异，这种现象在低端和高端市场之中尤为显著。低端市场的产品通常因为考虑成本，在材料和制造工艺上较为粗糙，但种类丰富。高端市场的产品则着重于产品的精确度和制作工艺，定价相对较高，更多被视作礼品而非日常用品。这种价格和质量上的差异进一步减弱了文创产品吸引更多用户的能力。

（四）很难串联

在文创产品的开发和设计过程中，虽然设计师对文化的关注度逐渐增加，但许多文创产品在整体性和协调性方面仍有不足，系列产品间缺乏互动和联系，与其所代表的文化内涵的关联也不够密切。这种情况导致了系列化设计的缺失，难以塑造出影响力较大的品牌，同时也影响了用户的重复购买意愿，限制了文创产品在市场上的推广。

二、文创产品设计的发展趋势

（一）时代变迁推动文创产品创新

许多文创产品在设计时依然采取传统的设计理念，虽然这种方式确实能够在视觉上使产品展现出一种古典之美，但这种依赖传统的设计思路在很大程度上限制了设计师创新的空间，使产品难以与快速演变的现代生活，以及人们日益变化的审美需求相适应。在这个日新月异的时代背景下，用户对文创产品创新提出了更高的要求。

1. 未来文创产品设计要注重人性化和情感化

展望未来，对于文创产品设计而言，应融入更多人性化和情感化的因素。文创产品不仅是文化和创意的载体，也是具有实际经济价值的产品。它们的文化创意价值不仅体现在能够传递个体精神和文化内涵上，更体现在如何将文化的创新性与人的情感及创意有机结合上。

从中国传统文化的角度来看，“人文”这一概念根植于中国古典哲学之中，强调人与自然、社会和谐相处。经历了岁月的洗礼和社会的变迁，中国的人文精神经过儒、释、道等多元文化的熏陶而日益丰富，不仅包括了人与自然、社会及个人道德的相互关系，也在不断地自我更新与探索。在当前产品设计同质化现象不断增加的背景下，设计师应当深挖传统文化中的人文精神，着眼于用户对文化符号的深层次需求，满足以人为本的市场要求。这就要求设计师在设计上既要传承经典，又要勇于创新，创造出既具有情感价值又富有社会和文化意义的产品符号，增强产品的文化深度和社会价值。

文创产品设计包括对材料选择、形状设计、颜色搭配及文化元素的融入等方面的考量，旨在深入理解如何将社会历史背景与创意设计理念相结合，以掌握文创产品设计的核心理念。

（1）现代主义设计中的人文关怀取向

在经济全球化的大背景下，现代设计理念日益强调人文价值的重要性，这种趋势不分东西，得到了世界各地设计师的广泛认可。人文主义设计映射了经济与社会发展现状，体现在对人的尊重和关怀上。特别是在经济更加繁荣的地区，随着生活水平的提升，消费者面临的选择更加多样，产品的同质化问题更加明显。在这种情况下，消费者选择产品寻求的不只是产品的功能性，更加重视其审美价值和能够带来的精神满足感。因此，文创产品设计不仅需要传递传统文化的内涵，更应捕捉现代消费者的精神需求，实现产品的创新与个性化，满足人们对美好生活的向往。

①西方现代主义设计中的人文关怀。北欧地区的丹麦、瑞典、芬兰、挪威和冰岛。这几个国家在全球设计领域占据了一席之地，以深入人心的设计哲学而闻名。这些国家虽然面临着工业革命的冲击，但依旧坚守着其丰富的手工艺传统，未让机械化浪潮侵蚀其文化底蕴。这些地区的设计师倡导将简约而不简单的美学与功能主义完美结合，该理念既提倡保留了手工艺的细腻感觉，又融入了现代设计的新观念，共同塑造了斯堪的纳维亚设计风格。该风格重视人文关怀，注重产品与用户之间的情感沟通，以及对人体工程学的考量，体现了人本设计的理念。在追求设计的美观与实用并重的同时，斯堪的纳维亚设计风格还力求在形状、功能、材质选择、色彩搭配、质感表现、耐用性及成本等多个维度上实现并重，展现了设计的民主化追求。

随着现代主义在全球范围内的兴起，北欧的设计师开始更加在实用性与审美性之间寻求平衡，致力于创造既能满足人们实际需求又兼具美观特质的产品，以迎合广大用户的喜好，如保罗·克耶霍尔姆于1965年设计的PK25椅、阿瓦尔·阿尔托于1970年在拉赫蒂设计的教堂，以及维纳尔·潘敦1998年推出的多功能椅等，不仅体现了设计师对于人性化设计与民主化理念的追求，也凸显了斯堪的纳维亚设计风格的核心价值。这些作品强调产品美学与功能性的和谐统一，以及产品与用户之间情感的深度链接。这使得北欧设计风格不仅在北欧地区受到推崇，也成了全球设计师学习与借鉴的重要资源。

②东方现代主义设计中的人文关怀。在中国，现代主义设计强调以人为本，倡导将人文关怀的理念融入产品设计之中。这种设计思路不仅体现在产品的功能性和使用舒适度上，更体现在设计能唤起人们对美好生活的向往上。中国的设计师正通过他们的作品展示自己对人文价值的尊重和追求，同时也使得产品设计成为连接传统文化与现代生活的桥梁。通过这种方式，设计不仅成为日常生活的一

部分，而且还激发了人们对传统和文化遗产的兴趣，促使用户与设计师，甚至与文化本身建立了深刻联系。这样的设计哲学和实践展现了东方文化在经济全球化背景下的独特魅力和价值，其为世界设计文化的多样性和丰富性做出了重要贡献。

③现代主义设计符号化的人文关怀。从符号学的角度深入探究可以发现，符号扮演的角色不只是文化传递工具。它是文化得以构建和传承的基石，任何文化的形成和持续发展都深深植根于符号的有效运用及人们对其深刻的解读中。换句话说，一个文化的多样性和进步性是建立在符号能够有效沟通人们共同的价值观之上的。这些共享的价值观是由社会成员共同塑造并广泛接受的。从更广阔的视角来看，文化是人类不断创新和累积经验以满足自身物质和精神需求的象征。文化不仅反映了人类的创造力，也代表了个体在理解自我和世界的过程中的精神追求。通过这种追求，个体不仅能够在社会中定位自我，还能使自身文化与其他文化区分开来。文化包罗万象，无论是实用的工具还是精神的习俗，都旨在满足人类的各种需求。当社会成员面对那些触及他们精神深处的文化符号时，他们会热情地接纳这些符号，并用符号来展示自己的社会身份和独特性格。在现代设计理念中，对受众文化需求的深刻理解和尊重显示出设计师对人文价值的重视。这样的设计不仅能满足用户对产品的功能需求，更能探索和应用那些能够触动人心的文化符号，以迎合用户对更高层次精神满足的向往。

（2）人文关怀导向下的文创产品设计

我国某企业品牌重视东方文化精神，并将这一理念视为其发展的核心。通过推出具有创新性的产品设计，该企业品牌成功连接了东西方文化，促使二者之间的边界逐渐模糊，进而加速了文化的相互理解与融合。该品牌的产品线既深受东方传统美学的影响，也吸收了西方的创新元素，呈现出了文化融合与创新的新风貌。这样的文化混合不但为东方社会对自身传统文化的理解和传承注入了新的活力，也培养了东方社会居民对西方文化进入东方的积极态度。随着品牌的不断发展，它通过将中国传统元素与现代主义设计相融合，对经典的器物和日常习俗进行了创新性转化，让它们焕发出了新的生机。该品牌致力于打造既能展示传统风情又符合现代审美的生活用品，以满足现代用户对于个性化产品的需求。

该品牌使传统文化标志与现代主义设计相结合，成功地推出了一系列既美观又能唤起人们对“家”的深层情感的居家产品。这些产品不仅提高了用户的生活质量，同时，在传承和弘扬中国优秀传统文化的过程中，进一步加深了设计师对人文关怀的洞察与体现。有效的传统文化标志运用，让文创产品成了承载传统文化物质价值的产品，还成了传递传统文化精神价值的载体。因此，在设计过程中，设计师应当深入探索和利用这些文化元素，从材料选择、造型设计、色彩应用到内涵表达等各个层面，综合呈现产品的文化精神价值。

①物质层面的人文塑造。随着科技革新步伐的加快，人们目睹了新型材料和制造技术的飞速发展历程。这种发展不仅增加了材料种类和组合的数量，而且也为新材料的应用创造了新的可能性，涵盖从日用消费到高端工业应用等多个领域。这些内容回应了用户对于提升生活品质的渴望，包括对产品安全舒适性、环境友好性、健康性及个性化的追求。在这样的背景下，选择合适的产品材料变得至关重要，因为材料的本质属性及其加工工艺直接影响到最终产品的功能和外观。因此，设计师在挑选材料时需要考虑如何通过材料的选择体现对用户的关怀和尊重。

在当代的文创产品设计实践中，材料的挑选和设计过程不仅仅关注产品功能，更加注重促进人与产品、社会及自然环境之间的协调共生。设计师通过对材料质地、尺寸、气味、重量、熔点等维度的精心调整，迎合了用户在触觉、嗅觉和视觉上的文化偏好，创造出了符合时代精神的产品。这些产品不只是拥有基本使用功能的产品，更是连接人与社会、环境的重要文化媒介，有着丰富的文化和环境意义。物质与环境的这种深层次互动反映了现代主义设计中物质材料被注入更为丰富的文化内涵和更高层次的精神价值的趋势。

以该品牌推出的“书法西式餐具套装”为例，其展现了如何通过材料的创新应用，将传统与现代文化巧妙融合。该套装采用了不锈钢和POM（聚甲醛树脂）这两种材料，充分利用了POM耐高温、轻巧耐用，以及优异的韧性和弹性等特性，展示了现代材料科技的进步。在设计上，它不仅体现了西式餐具的传统美学，也融入了中国书法的艺术元素，为中国现代家庭提供了一种全新的跨文化体验。这种深入的材料研究和文化考量，不仅极大地丰富了用户的使用体验，也在精神、文化和实用功能层面满足了用户的多元需求，体现了设计师的人文关怀和创新思维。

②造型层面的人文构建。文创产品设计不只是产品功能的体现，更是一种文化和精神的传达。通过巧妙的外观设计，这些产品不仅仅展现了其内部功能与智慧结构，而且还成了连接用户内心需求与文化价值的桥梁。在设计的过程中，形态与功能之间的密切关系显而易见。视觉元素的运用使得用户可以直观地捕捉到产品的核心特性，这种设计理念提高了用户对产品的理解与接受程度。在设计过程中，设计师将功能性作为设计工作的出发点，确保每个产品都能准确地传递其蕴含的信息。在探讨产品设计的文化层面时人们发现，产品不仅承载着深层的文化和精神信息，还具有独特的象征意义。以历史为镜，人们可以看到不同文化中

产品的独特性。例如，在中国古代，游牧民族的金银制品经常做成动物形状，这不仅反映了他们的生活习惯和生活态度，还蕴含了丰富的图腾文化，表达了特定的文化意识形态。文创产品设计通过和文化的深度融合，不仅满足了用户的使用需求，更触动了用户的情感，成了一种艺术品。这些产品通过提炼和表达文化的精髓，不仅丰富了人们的物质生活，也提升了人们的精神境界，体现了设计师对于生活美学和文化价值的深刻理解。这种深度的文化融合和情感共鸣，是文创产品设计追求的核心价值，它们不只是物品，更是传递文化、连接心灵的桥梁，展现了人类的创造力和文化的多样性。

③色彩层面的人文渲染。自古以来，人们对色彩的感知便深刻而独特，各个民族会通过独特的颜色与形状结合方式来创造标志性的图腾，以此为区分各族人民的符号。色彩不仅仅是产品在视觉上的呈现，它还直接触及人的内心，能产生深远的心理效应。人们可以将色彩比喻为钢琴上的琴键，人的眼睛如同敲击琴键的锤子，而心灵则像一架弦线紧绷的钢琴，艺术家便是那位按下这些琴键的人。他们有意识地调动色彩，并以此引发人心灵深处的波澜与回响。这样的色彩感知常常带有精神层面的意义，会成为某个民族的精神寄托。从社会学视角观察，色彩在同一文化环境下承载着多重含义，而在不同的文化语境中，同一色彩所蕴含的象征意义也会发生显著变化。历史悠久的地区或民族对某种色彩的偏好往往源自他们的自然环境、文化遗产及情感倾向。例如，在江苏南通地区，传统的蓝印花布广泛应用于各类喜庆场合，其中深蓝色的布料被亲切地称为“绿布”，这种命名与“亲”字的谐音有关，象征着婚后的夫妻将会相亲相爱，共享幸福生活。在中国的许多地方，红色通常与喜庆相关联，因此在选择色彩时，人们会特别考虑地方文化中的禁忌。此外，不同地域和民族的人们对不同色彩的情感反应也存在差异。在设计儿童产品时，色彩的选择应贴合儿童心理成长的需求，一般倾向于使用明亮鲜艳的色彩，以使他们精神愉悦。而文创产品作为传递文化价值的载体，其色彩的挑选既不应违反地方文化的禁忌，也应考虑到目标群体的年龄、性别、文化背景和生活习惯等，以尊重当地民众的色彩情绪，传递正面能量和积极的生活态度。

④内容创作的人文挖掘。文创产品不单是承载信息的媒介，它们同样传承着中国丰富的传统文化遗产，展示了中国文化的魅力。在设计这类产品时，设计师需超越纯粹的功能性考量，深入挖掘并融合文化元素，将这些文化精髓转化为能够触动人心的故事，从而创作出内涵丰富的产品。故事天然具备较强的感染力，能有效地连接信息传递者与接受者的情感，使他们进行深刻的交流。利用叙事技

巧，文创产品能够以故事的形式强化自身文化价值，创造出独特的品牌故事，从而更易于被市场接受。以张永和设计的“品家家品”葫芦形餐具为例，该设计巧妙地融合了中国北方的家庭厨房文化，重新诠释了葫芦在家庭生活中的应用，引发人们对“家”文化含义的反思。这种情景故事设计法不仅能够设计出内涵丰富的文创产品，实现产品的创新，也让产品更加贴近人心。设计师利用传统餐具的造型和材料，结合现代设计元素，设计出了既展示家庭和谐又满足人们现代审美需求的餐具组合。

中国的传统文化深邃而广泛，为文创产品设计提供了坚实的设计基础和灵感。从这一丰富的文化遗产中提炼元素，满足现代用户的精神需求，是文创产品设计的重点。设计师可以将这些“文化符号”作为设计的焦点，在现代主义设计理念的指导下，结合西方先进设计和东方设计精髓，形成独具中国特色的设计风格。这种设计风格不仅满足了市场和用户的需求，而且通过融合人文理念和优质传统文化资源，提升了产品的文化传承力和市场竞争力，缩短了产品与用户之间的文化和情感距离，从而增强了产品的市场吸引力。

2. 未来文创产品的设计要注重中国传统元素的应用

（1）中国传统元素

①中国传统元素的内涵特征。传统元素，即传统文化，它代表了一个国家和民族在漫长的历史进程中形成的独特思维模式、道德观念、艺术作品及生活习惯。这种文化积淀不仅体现了历史的连续性，还反映了文化本身的适应性和发展性，揭示了文化随时间推移而进行的自我更新和变革规律。日本设计大师原研哉便是这种观点的坚定支持者，他认为，只有那些深植于本土土壤且不断创新的文化，才能够得到国际社会的广泛认同。原研哉倡导的设计哲学着重于从本土文化出发，通过创新促进不同文化的广泛交流和深入对话。在中国，传统文化的表现形式可以分为具体和抽象两大类别。具体方面，如书法艺术、茶艺术及丰富多彩的民间艺术等，都是中国传统文化的重要组成部分；抽象方面则包括了反映中国社会结构、生活哲学和价值观念的各种元素。中国传统文化的核心价值和理念无论是通过具体的艺术形式来表达，还是通过抽象的思想观念来表达，都集中体现在和谐与伦理两大主题上。“天人合一”的世界观不仅是中国文化的哲学根基，也是道家和儒家思想的共鸣点，其强调自然与人类的和谐共处；而“伦理”和“自强不息”的精神则深深植根于中国人的价值观念之中，成了激励一代代中国人的精神力量。

对于中国传统文化的深入分析可以从其传承性、民族性和深邃性三个维度入手。首先，中国的传统文化是一种跨代传递的宝贵财富，尽管历史上有时会中断或面临各种挑战，但它的基本价值观和表达方式都能够在时间的洪流中得以保存和延续，因此它具有一定的传承性。其次，中国传统文化具有鲜明的民族性特征，这一点使得中国传统文化更具特色。最后，中国传统文化的深邃性使它不仅拥有丰富多变的文化表达方式，还蕴含着深刻的哲学思维和对生活的独到见解。

②中国传统元素的发展现状。随着时间的推移，工业化与批量生产技术经历了持续的转型升级，进而推动了文化及艺术界的发展。在这种变革的推动下，现代主义作为一股强大的文化艺术潮流，其核心理念与审美观念的广泛传播对全球的设计行业产生了深远的影响。特别是在中国，现代主义的理念和风格对众多文创产品设计产生了较大的影响。这种影响的具体表现并不是简单的模仿，而是涵盖了理解、吸收、反思及创新思考的深层次整合过程。虽然近年来我国对西方设计风格的模仿趋势有所减缓，但在中国传统文化元素融入文创产品设计时，我国设计师仍面临一系列挑战。在经济全球化的背景之下，弘扬和继承中国传统文化显得更加迫切。这要求人们超越对传统文化表面的赞赏，深入挖掘和领会其精神本质与价值。设计师应致力于将传统元素与现代设计理念结合，在两者之间寻找平衡，创造出既有传统底蕴又满足人们审美与功能要求的作品。这不仅需要设计师深刻理解和尊重中国传统文化，也需要其展现出创新思维和高超的技术实力，用全新的方法和视角，将传统文化元素在现代设计中进行重新演绎。

在这个信息爆炸、全球交流不断加强的新时代，文化的互相交融为设计师带来了无限灵感。设计师不应局限于对传统文化的浅层理解，而应深入其内在意义和价值，探讨这些文化元素在当代社会扮演的新角色和发挥的新作用。通过跨文化视角和创新设计思维，设计师能够拓宽传统文化元素在现代设计中的运用途径，实现其与现代社会需求的有效对话。这种探索与实践不仅促进了设计领域的持续创新，也有助于中国传统文化的传承和发扬，可以提高其在全球文化交流中的地位。

（2）中国传统元素在文创产品设计中的应用分析

将中国传统元素融入文创产品设计之中，以促进传统元素与现代设计理念及技术的完美结合。通过这种方式，设计师能设计出既能够触动人心又具有实用价值的文创产品，满足现代用户美学和精神层面的需求。同时，此过程强调在保持产品的功能性、艺术价值和文化寓意的同时，进行创新。下面将以剪纸、传统的吉祥观念、秦腔等典型的中国文化元素为案例，深入分析这些传统元素如何在文创产品设计中得到有效应用。

①剪纸艺术在文创产品设计中的实际应用分析。剪纸艺术深植于中国传统文化之中，不仅承载了我国人民世代相传的技艺和智慧，还体现了自身适应时代变迁的强大生命力和丰富的表现形式。这项传统艺术通过使用新型纸材并结合先进的切割工艺，成功拓宽了其形式和功能的边界。将剪纸艺术应用于文创产品设计中，既推动了艺术与创新的融合，也为剪纸艺术注入了新的活力。

第一，在文创产品设计领域，剪纸艺术的运用频率已超越了传统图案，设计师以现代视角重新解读这些图形和符号，赋予了它们丰富的文化内涵。这样的应用不仅改变了剪纸传统单层画作概念，而且发展了多层面的现代作画技巧，展现了剪纸在艺术表现上的创新性。

第二，随着技术的不断进步，剪纸艺术在文创产品设计上焕发了新的活力。立体贺卡的设计便是现代雕刻技术与剪纸艺术结合的典范，其不仅保留了传统剪纸艺术的魅力，还以一种新颖的视角让人们体验到剪纸艺术的独特之处，从而提升了文创产品的市场价值和吸引力。

第三，剪纸艺术所蕴含的精神价值也在文创产品设计中得到了充分的展现。剪纸作为一种历史悠久的祈愿和庆祝方式，其精神核心突显了人们对理想生活的向往和寻求。设计师结合剪纸艺术创造出了既富有创意又具有深厚文化意义的文创产品，如具有纪念意义的周年贺卡等，为当代社会增添了独特的文化韵味和情感色彩。

②中国传统的吉祥观念在文创产品设计中的应用分析。中国传统的吉祥观念深植于丰富的中国传统文化之中，历经千年的流传，这些观念逐渐演化成了一些文化的象征，具有独一无二的意义，难以被其他艺术形态所取代。当代的文化创意产业通过将这些吉祥观念融合进产品设计之中，促进了文化的广泛传播。在开发文创产品的过程中，借鉴和应用这些传统的吉祥观念至关重要，特别是通过将吉祥图案整合进设计中为文创产品提供了一种最直接的表达方式。这样的图案不仅直观传达了吉祥的涵义，也能使用户了解这些产品深层次的文化寓意。例如，将寓意吉祥的植物、动物或其他象征性图案与产品设计融合，使这些图案成为产品装饰的一大特色。除了图案的装饰应用，产品设计还需要深入表达传统的吉祥观念，因此仅仅有表面的图案装饰是不够的，设计师必须探究并表现这些观念的深层文化意义，确保产品能够有效地传达吉祥的象征意义。以某公司设计的上上签牙签盒为例，该产品的设计灵感源于中国传统的占卜与抽签文化，其不仅展现了浓厚的民族风情，也深刻反映了丰富的文化内涵。此外，设计师在设计中还应当考量吉祥观念的精神价值，这些观念能映射出中国古代哲学中“天人合一”

与“回归自然”的思想。设计师在设计文创产品时，除了传递吉祥观念的内涵，还应对这些吉祥观念进行创新性的诠释，赋予其现代感，以彰显产品设计的新意境。

综上所述，中国传统文化元素不仅承载着传承文化的使命，还是文创产品设计发展的坚实基础。深入挖掘并应用这些传统文化元素，使文创产品适应现代社会发展需求，是文创产品设计创新的核心。因此，设计师要不断探索创新，加深对传统文化元素深层次内涵的理解，并用现代艺术语言重新诠释这些传统文化元素的文化价值，促进传统文化与现代艺术相融合，丰富产品的文化内涵，以实现文化的可持续发展。

（二）数字传播在文创产品设计和推广中发挥作用

数字化技术的快速发展不仅极大地丰富了人们的生活，还为个人在信息时代开展创新活动提供了强大的动力。随着数字化技术的发展，服务于生活的文创产品正在频繁地通过数字手段进行信息传递和功能展示。

1. 相关概念的内涵和特征

当前，互联网和数字化技术已经成了传播信息的关键途径。这种传播手段依赖计算机技术，并且会利用多媒体元素来丰富信息内容。通过这些方法，人们能够进行信息的采集、加工、编排、储存、交流、展示，保证了信息传递过程的完整性。值得注意的是，在网络信息化的大背景下，数字通信展现出交互性、非线性和即时性的特性，这些特性不仅体现在硬件和软件应用上，也涵盖了云服务、移动设备，以及信息聚合分发平台和个人媒体的传播。随着技术的日新月异，数字传播的概念正迅速发展完善。

与此同时，文化创意产业的营销方式也随着这一数字化趋势获得了新的生机。这包括通过多种渠道传播创意内容、服务、技术及与文化相关的信息，旨在扩大潜在受众范围，进而促进文化的普及、理解和消费。利用高效的营销策略，文化创意产业可以接触到更多的受众，实现价值最大化。

2. 数字传播的价值体现

（1）基于信息传播模式的数字传播

①文创产品的数字传播。在紧密结合产品文化与创新理念的过程中，遵循信息传达的基本原则与模式成了一个不可忽视的环节。设计师巧妙地运用文化符号及其背后的创意，打造了一种能够直观表达其内涵的独特语言形式。这种表达方

式可通过多种产品载体，直接与用户进行沟通。此外，设计师还将音频、形态、视觉等元素转换成能够在互联网上推广的视听内容，通过丰富的媒体形式，确保了这些创意成果能够高效地触达目标用户。随着数字化与网络技术的进步，人们目睹了一种全新的数字文创产品的崛起。这些产品不仅代表了传统文化的创意成果，还在数字网络这个虚拟领域中得以诞生、存在并发展。

在数字时代背景下，设计师设计出的文创产品包括数字媒体应用、互动装置及数字化娱乐载体等，它们都体现了网络化思维下文创产品设计的创新实践。这类产品的共性在于它们鼓励网络参与、资源共享及互动交流，这是它们独有的标志。通过利用数字化技术和网络化手段，这些文创产品能够在虚拟空间中被广泛认可和推广，直接或者间接地发挥着传播文化的作用。虚拟现实（VR）游戏《灯笼》就是一个典型案例，它不仅在视觉效果（如建筑与自然风景）、背景音乐及游戏内容上深植东方文化元素，还通过中国传统元素“灯笼”的运用，向玩家传达了爱与温暖的信息。此外，中央美术学院交互设计实验室研发的“中国古典家具”应用程序和北京故宫博物院的“每日故宫”小程序，都展现了如何借助数字化技术使历史艺术作品从博物馆中走出来，以一种全新的方式呈现自身丰富的文化内容，让大众通过互动体验来深入了解中国传统文化的魅力。

②数字传播拓展了文创产品的信息传播渠道。在数字时代背景下，数字传播通过各种信息渠道，显著提升了文创产品的曝光度。这一传播策略不再遵循传统的单一直线传播原则，而是依托互联网的虚拟空间，展现出其特有的非线性传播、覆盖范围广、传播渠道多及实时互动的传播特点。它不局限于简单的信息推送，而是致力于促进个体与个体、群体与个体之间的双向互动及反馈，构建起一个去中心化的通信网络架构。基于此，信息能够迅速以直接或间接的形式传递，消除了地域界限的约束，确保了人们能够在互联网覆盖的任何角落查寻到丰富的网络资源。

③用户高效接收信息并形成反馈。进入数字时代，用户可以高效地获取信息并对消费的内容做出反馈，这对设计界产生了较大影响。数字媒体为设计师提供了一个拥有更多可能性的平台，使他们能够通过网络资源进行深入的探索、学习并对市场进行敏锐的洞察，从而更精确地对产品进行定位和创新。利用图形、文本、音频和视频等多种媒介，用户不仅可以快速地获得产品信息，还能享受到接近现实的虚拟体验，实现即时交流和反馈。这一过程中产生的大量数据转化成大数据分析所需的各类资源，为产品的优化和持续迭代提供了极其重要的信息支持。

（2）促进文创产品发展的数字传播

①作用于文创产品所包含的文化创意。在文创产品创造与用户享受的过程中，文创产品中的精神价值得以挖掘和传递，悄然影响了人们的日常习惯、文化观念、知识体系乃至价值观。与仅具备物理性质的物质产品不同，文创产品还承载着一定的思想和情感，旨在满足人类在衣、食、住、行等基本生活需求之外的精神需求。文创产品设计将产品内含的文化元素解析并转化成设计语言，进而创造出与现代生活融合的新形态，挖掘并满足用户对更深层的精神意义的需求。文创产品的开发过程涉及对文化内涵的深度挖掘、诠释、再现与展现，设计师可利用视觉语言和创意形式来表达产品文化内涵，加深人们的认识和理解。例如，在数字娱乐产品设计中，设计师可通过营造富有文化意蕴的视觉环境，引导用户在体验过程中进行文化观察与探究。

②作用于文创产品的认知与传播。用户对文创产品的认知根植于自身与文化本质的情感连接上，这一点区别于普通功能性产品。展示产品形成过程涵盖多个方面，如人与物的互动、材料的选择与运用、技艺的传承与创新、创作的体验与洞见，将这些元素转化为对感知觉的理解与表达，借助数字媒介的记录与展示，就可以加深人们对产品设计背后人文故事、文化价值、技术特色、创新理念的认识和感受。举例来说，许多关于手工艺产品的网站、应用程序、社交媒体等，详细介绍了手工艺产品的创意和制作流程，并通过音视频和图文形式来展示，让用户深入理解产品设计与制作的全过程，加深了对文创产品信息的了解。

③作用于文创产品功能效用的传播。创新激发消费与体验，数字媒介作为推广产品的重要媒介，致力于阐释产品的特性、使用价值及操作方式，同时突出产品优势。当前，用户不再只依赖初级的感性认知盲目购买，而是开始有意识地探索和了解产品，甚至对比研究不同产品，依赖数字媒介提供的丰富信息和分析结果来做出明智的消费决策。

3. 保护和弘扬传统文化元素

（1）对传统文化元素的数字化保护

在20世纪末期，美国和欧洲各国着手采用数字化方式来维护和分享本地文化，这一举措获得了联合国教科文组织的认可，后者在1992年启动了“世界记忆项目”，实施该项目的目的是利用现代信息技术保护和弘扬各类文化遗产。随后，中国也开始着力于文化遗产的保护工作，2005年，国务院办公厅发布了相关政策指导意见，旨在加强非物质文化遗产的保护。2011年，《中华人民共和国非物质文化遗产法》施行，进一步完善了非物质文化遗产法律保护框架。这一系列行动凸显了数字化在传统文化保护和弘扬中的关键作用及重要性。

信息技术的进步为传统文化的保护和弘扬带来了新的机遇。现在，传统文化可以通过数字平台上的图像和文字被广泛分享，现代记录工具可以准确展现大部分传统文化元素。在此情况下，世界多个国家和地区的文化管理部门正积极促进传统文化的数字化转型，包括内容、形式和传播方法。

数字化不单是文化保护和弘扬的手段，它也是促进文化创新和发展的关键动力。通过建立数据库、进行数据分析、运用虚拟技术等动态手段，人们不仅能够保留和传承传统文化，还能创新这些文化，开辟文化资源开发和利用的新路径。这种策略为人们打开了一扇新的窗口，让人们能以更新颖的方式来理解和欣赏传统文化。

（2）传统文化元素可以被创造性地展示出来

每一种新兴文化在成长发展时都必须和传统文化进行有效的融合。这种融合实质上是对传统文化的一种创新性延伸，同时也符合社会发展的总趋势。借助现代数字技术，人们可以更加多元和生动地呈现传统文化的魅力，如通过开发旨在普及文化知识的应用程序和实现博物馆的数字化转型等方式来呈现传统文化元素，使人们能够深入了解传统文化元素；通过互动方式让公众了解传统文化的类别、发展历程、结构组织、表现形式及艺术手法等方面的信息，创建包含创意精华、技艺、材料和成果在内的资料库。这些努力旨在展现和推广传统文化，使之能被公众广泛欣赏、阅览并学习，进一步促进传统文化的传承与发展。

（3）促进不同地区文化的交流与融合

在数字时代，文化传播存在于网络视频、游戏和电子商务等多个领域。举个例子，当人们在天猫、京东等电子商务平台上浏览产品时，能够直观地感受到电子商务服务的影响力。商家通过这些平台深入介绍产品的历史背景、文化内涵、技术亮点及其功能，利用这种产品营销策略，将丰富的文化元素有效传递给全球的消费群体。在这个过程中，用户不仅仅是在购买商品，实际上也在吸收和学习来自不同国家的技术知识和经验。因此，数字化传播手段在推动文化交流和融合方面扮演了极其关键的角色。

4. 影响和促进文化消费

（1）刺激文创产品消费，完善其运营模式和营销模式

在“互联网 +”战略的推动下，文化行业迎来了前所未有的发展机遇，数字

化传播逐渐成为人们日常生活中不可或缺的一部分。新媒体的应用不仅仅在于传播文化信息，更成为大众文化体验的关键环节。而后，文创产品的管理和推广方法也正在经历转型。“互联网 + 文化创意”模式促进了互联网公司与文化公司的合作与融合，文创产业与其他产业的跨界融合已成为一种新趋势。在推广方面，企业正通过互联网技术与电商平台合作，实现线上线下的互动推广。同时，推广策略也趋向多样化，企业会采用游戏化推广、精确营销、社交网络营销等方式完善推广策略。文创产品的研发、生产、商业拓展及线上线下推广，正不断提升文创产业的价值。

（2）提高文化消费质量，丰富人民生活

随着数字化时代的到来，文化消费的模式和品质正在日益提升，丰富了公众的日常生活。在这一过程中，蕴含传统文化的文创产品使得人们能够更深入地探索文化领域，加深了人们对文化遗产的了解。数字网络平台为个体提供了分享经验、共同协作解决问题及共创文化体验的空间，这不仅加深了社会公众的文化认同感，也使人们的生活更加多姿多彩。每个人在这个数字化的生活场景中，既是知识的接受者，也是文化创新成果的体验者。这样的互动和参与使得文化消费不仅仅能给人带来物质上的享受，还能提升人们的精神文化生活水平，为个人生活带来了更多的创造性和可能性。

5. 数字传播的局限性

在数字时代背景下，与传统的实体体验相比，线上体验往往显得较为有限。尽管虚拟体验通过数字媒介给人们提供了信息和娱乐方式，但这种体验无法完全替代实际的物理接触和互动。对于那些本质上需要以实物形式呈现的文创产品来说，这一差距尤为明显，实际的触感和互动体验是数字平台难以复制的。此外，虽然数字化营销依托于先进的数字技术，但其稳定性和可控性却面临挑战。网络空间的虚假宣传、消极内容和恶意营销活动不仅扭曲了信息，也对社会造成了负面影响。因此，加强监管和提升技术标准成为保障数字传播健康发展的关键策略，人们应充分挖掘和利用数字技术在促进文化传播和提高社会价值方面的潜力，积极应对其带来的挑战，以期实现其作用发挥的最大化。

总的来看，人们在深入分析数字传播对文创产品设计和营销的影响时，可以从信息传递效率、营销内容创新、社会效益提升及在互联网经济条件下传统文化元素的发掘与应用等多个角度入手。数字媒体改变了信息接收的方式，增添了情感元素，并通过增强互动性，加深了人们信息交流的深度。借助精心设计的传播策略，数字传播能让用户更深刻地体会文化的独特之处，从而获得更丰富的文化知识。这种方式不仅传播了文化，还在增强文化产业竞争力和推动文化消费方面发挥了重要作用。它促使人们积极探索和珍视本土文化，激发了人们的创新思维，推动了文创产品的创新性发展。

第四章　文创产品设计开发的资源与工艺

第一节　文创产品设计开发的资源

一、文创产品设计的文化资源

（一）符号与符号学

1. 符号

符号作为人类对文化长时间抽象的结果，不局限于图像或声响，它能代表某种文化或多种元素。这些符号一旦被赋予特定的意义，便承载着独特的信息，其基于人们的认知与习俗而形成。符号本质上是人类行为和思维的产物。在广义上，人类的社会结构、思维方式及沟通交流均依赖符号系统。在现代社会中，符号多指语言、文字、代码、交通标识等。然而，从符号学角度来看，符号的内涵远不止于此，其包括人与人之间的手势问候，以及特定仪式、游戏、神话传说，乃至拍卖时特定的手势，都是符号系统的组成部分。

英国的社会学家斯图亚特·霍尔强调，用于表达深层意义的语言、声音或形象，均属于符号范畴，而法国思想家罗兰·巴特在其著作《神话学》中，通过实例阐释了符号及其背后的能指与所指之间的关系。例如，若将玫瑰视为激情的象征，则玫瑰成为能指，激情即所指，此时玫瑰就成了一个代表激情的符号。美国哲学家艾恩斯特·纳盖尔提出，符号能够通过某种人类习以为常的传统或语言机制来指代与之不同的其他事物。他进一步指出，人类的文化成就正是符号活动的结果，人的本质体现在通过符号构建文化的能力上。纳盖尔所提出的情感符号论深入探讨了符号学在人类理解艺术（包括视觉艺术）本质时的作用。

符号作为信息传递的根本单位，在不同文化和学科中被解读为代表具体事物的标识，成了人们沟通的核心要素，用途广泛，既能指实体，也能代表抽象概念。符号存在于社会的各个角落，是社会运作的基石。符号由能指与所指构成，前者指其外在的形态或可感知的特征，后者指其背后的深层意义。这两个组成部分构建了符号的完整形态和内涵，如交通信号灯的颜色代表了具体的交通行为。

2. 符号学

符号学作为探索符号普遍原理的学科，专注于分析符号在传递信息过程中所扮演的角色。这个学科关注符号的本质属性、符号演变的规律、符号所承载的多重意义，以及符号与符号之间、符号与人类行为之间的相互作用和联系。

如今，符号学发展成了人类与世界互动的媒介。符号不仅加深了个体对自我和他人的理解，还深化了个体对世界的认识。人的认知过程本质上是对周遭世界的符号化处理，涉及符号的选择、整合、转换及再创造。

随着研究领域的扩展，符号学已成为人文和社会科学领域开展研究的关键工具，类似于数学在自然科学中的应用，它通过以语义和逻辑为意义的探究、因果关系的解析、价值判断及行为模式的阐释为相关领域提供了精确的分析框架。符号学的应用范围涵盖哲学、社会学、艺术学等多个学科，增强了研究人员的理解与应用能力。

3. 符号的基本功能、基本特征和分类

（1）符号的基本功能

符号的基本功能在日常生活中主要体现在三个方面。

①表达和理解功能。人类互动实质上是表达符号及解码符号的过程。

②传播功能，充当信息传递的桥梁，使人们能够通过语言、文字等手段进行有效沟通。

③反思功能，符号具有激发人们思考的能力，能通过自身所蕴含的象征意义触发人的反思过程。

（2）符号的基本特征

符号作为一种将复杂信息简化并通过具体形式表达抽象概念的工具，是人类认识世界并与他人沟通的关键介质。它在人类社会演进过程中占据了核心位置，通过符号，人类得以表述思想、分享知识。自古以来，从绳结记载到现代的文字语言，符号一直是文化传递与演化的驱动力。总结而言，符号有以下几种特征。

①符号具有抽象性特征。抽象性是符号的核心特征之一，它使符号能够跨越具体事物，进行普遍性表达。这种从个别到普遍的抽象过程体现了人类的智慧，

因为人们会从众多事件中提炼出普适规律，进行深入探讨。赫尔德将人类这种从众多具体关系中提取抽象概念的能力定义为“反思”，这一能力显著地将人与动物区分开来。

②符号具有普遍性特征。符号的普遍性特征使其跨越文化、地理和语言的界限，成为全人类共通的交流媒介。这一特征确保了符号在不同思维领域和学科内的广泛适用性，体现了符号体系在人类知识体系中的核心地位。例如，化学和物理符号尽管源自特定的学术领域，却能够被全球范围内不同文化背景的人们所理解和接受。

③符号具有多维性特征。符号的多维性特征体现了其在不同文化、语境和时代背景下的意义与多样性。这种特征揭示了符号不仅能够适应时代的变化，还能够根据不同的文化背景和情境展现出不同的意义。例如，“词语”在中文中的应用和“word”在英文中的应用，展示了符号在表达相同概念时的通用性。同时，同一符号在不同文化或语境中可能蕴含着截然不同的象征意义，如“龙”这一符号在中华文化中象征着吉祥和尊贵，而在西方文化中则可能被视为恶的象征。

（3）符号的分类

在符号学领域，符号的构成围绕表现层面（能指）和内容层面（所指）展开，这一理论反映了符号的深层结构。表现层面或能指，是指符号的直接感知部分，即符号所呈现的形式，如文字的图形、语音的声音等。内容层面或所指，是指符号所代表或引用的概念、事物或情境，即符号的意义或指向的对象。

美国哲学家查尔斯·桑德斯·皮尔斯对符号的分类进一步深化了符号学对符号的理解。他根据符号与其对象之间的关联性质，将符号分为以下三种，如图 3–1–1 所示。

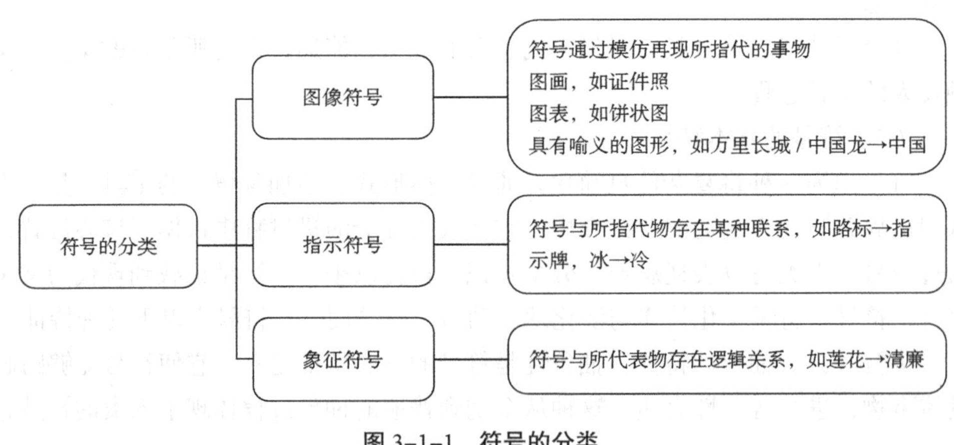

图 3–1–1　符号的分类

（二）中国传统文化

中国传统文化拥有超过五千年的深厚历史底蕴，由独特的历史背景、自然环境和人文环境共同塑造而成，孕育出了丰富多彩的物质与精神文化成果，这些成果不仅是中华文明的骄傲，也是全人类共同的财富。中国传统文化体现了中华民族人民的价值观，代表了人们对先祖历史的深刻记忆和对民族魂的深情托付。它深刻影响着人们对自身民族的认同感，激发着人们根深蒂固的民族归属意识。在面临挑战和逆境时，这种文化传承成了联结各民族人民心灵的力量，激励着每一个人坚韧不拔、勇往直前。

1. 中国传统文化的定义

文化代表了人类在社会演进中所创造的所有物质和精神成果，它根植于人们的物质生活中，并作为一种基于物质生活的社会现象不断发展。这种发展不仅具有从一代传至下一代的连续性，而且建立在社会生产力不断提升的基础上。

尽管文化的内涵极为丰富且复杂，但其核心始终在于人，并充满了丰富的人文精神。文化随着各民族的形成和进化而逐渐显现出独有的民族特色，每种民族文化都有其独特之处。一个民族的文化是该民族人民性格、日常用品、传统习俗、生活方式，以及语言、文字的集合，代表了整个民族。

文化的认同与继承对于民族发展至关重要，它不仅是民族生存的根基，也是民族持续发展的关键。中国传统文化因悠久的历史背景和深邃的文化内涵而呈现出多样性的特点。

2. 中国传统文化的特点

中国传统文化的独特性与丰富性根植于多元化的社会环境中，其形成和发展受到了地理、政治、经济及社会结构等多重因素的影响，展现了以下几个鲜明特点。

第一，农耕文化、宗法家国及伦理道德共同构筑了中国传统文化的框架。中国古代宗教作为中国传统文化的一个重要组成部分，对古代的政治、经济、文学艺术等领域产生了深远的影响。

第二，中国传统文化体现出刚健自强，以及重视和谐中庸、天人合一的精神追求。这些基本精神贯穿中国历史发展的各个方面，既是提升个人修养的重要理念，也是人们处理社会关系的指导原则。

第三，儒、释、道三家理论对中国传统美学都产生了深刻影响，强调了真、善、美的统一。中国传统美学追求的最高境界是人与社会、人与自然的和谐统一，并将道德境界作为美的最高表现。

第四，中国传统文化展现了强烈的人文性、包容性、伦理性、和谐性和务实性，这些特质深深植根于民众的生活习惯和思维方式中。

中国传统文化也有一些因时代局限性而存在的弊端。在继承和发展中国传统文化的过程中，人们应采取科学态度，批判性地继承其精华，创新性地对其进行转化，使之更好地适应现代社会的发展，发挥其在现代社会治理中的积极作用。

3. 中国传统文化的现状

（1）国内传统文化现状

中国传统文化蕴含着深厚的历史底蕴与精神价值，正面临现代化与经济全球化的挑战。中国传统文化曾引领世界文化潮流，塑造了中华民族的独特精神与性格，如今却在误解与忽视中渐显颓态。国际化浪潮下，多元的文化虽然丰富了人们的生活，但同时也使得本土文化受到冲击，尤其是那些流传千年的传统文化，面临着被边缘甚至消失的风险。

在这一背景下，传统文化的现状呈现出三个方面的特征。首先，传统文化在当代社会的影响力有所减弱。其次，公众对传统文化的认识存在误区，部分人将传统文化视为落后与不合时宜的文化，忽视了其深层的价值和意义。最后，传统文化在国际上的呈现往往被简化为一些符号化、刻板化的形象，如功夫、京剧等，这不仅限制了世界对中国传统文化的全面理解，也影响了中国文化软实力的提升。

面对这一现状，对中国传统文化的传承与发展显得尤为重要。这不仅是对历史的尊重，也是对未来的负责。传统文化的活化利用，需从保护走向创新，从封闭走向开放，与现代文化融合，让中国传统文化在新的社会环境中焕发新生。同时，加强对中国传统文化的正确宣传与教育、提高公众的文化自信心与认同感、共同对抗文化同质化的压力，是传承和发展传统文化的关键。当前，人们需要采取多元化策略，在科技、教育、艺术等多个领域探索中国传统文化的现代化表达方式，使其更加符合当代社会的审美需求。

（2）国际化背景下的中国传统文化

加入世界贸易组织后，中国经济与世界经济深度融合，这标志着中国设计领域开始面临新的挑战与机遇。经济全球化不仅提升了中国产品在世界市场的竞争力，同时也对产品设计提出了多样化、国际化的要求。设计领域的这一转变要求设计师不仅要深刻理解并保留传统文化的精髓，还要在此基础上吸纳和融合全球多元文化的优势，使产品达到国际市场的审美标准。

面对经济全球化带来的挑战，中国设计领域未来的发展方向应聚焦于创新，以及与国际的交流合作上。设计师需对传统文化进行深入挖掘，将其与现代设计理念相融合，开发出既具有中国特色又符合国际审美的产品。这种产品不仅要能够传递中国文化的独特魅力，同时也要能在经济全球化的背景下展现中国设计的现代性与国际竞争力。

在实践中，设计师要具备跨文化的设计思维和国际视野，能够在保持设计的民族特色的同时，灵活应用国际通用的设计语言和表达方式。通过使用这种方式，产品能够在全球市场中得到认可，进而提升中国设计的国际影响力。中国设计的发展还应注重技术创新与可持续发展理念，将创新科技与生态环保理念融入设计之中，以此满足全球人民对于可持续发展的需求。

（3）中国传统文化的现代化转型

中国传统文化的现代化转型是一项复杂的工程，涉及文化自觉与文化自信的重塑过程。这一过程要求人们对中国传统文化的核心价值进行现代解读，以适应和引领当代社会的发展规律。中国哲学家的思想为中国传统文化的现代化转型提供了重要的理论支撑，强调了在经济全球化背景下推进中国传统文化现代化转型的必要性和可能性。

中国传统文化的现代化转型并不仅仅是形式上的更新，更是内涵上的丰富和拓展。这一过程涉及对传统文化元素的创新性解读和应用，这要求人们既深入挖掘传统文化的内在精神，又积极吸纳世界各民族文化的优秀成分，实现文化的交流与融合。在此基础上，通过文化自我更新和创新，设计师可提高中国传统文化在全球文化体系中的活跃度。

在促进中国传统文化的现代化转型过程中，国学的重要性不容忽视。国学不仅是中国传统文化的重要组成部分，也是连接过去与未来、本土与世界的桥梁。坚持“国学为本，兼容他学”的方针，不仅有助于中国传统文化保持独特性，同时也提升了其开放性和包容性，为中国传统文化的现代化转型提供了理论和实践的支持。中国传统文化现代化转型也需要关注传统文化在现代社会生活中的实际应用，如在教育、艺术、设计、科技等领域中的创新运用。

（三）传统文化符号

1. 文化符号学的产生

经历了一段时间的演变后，观点各异的学者普遍接受了一个观点，那就是符号学能够与其他领域的知识体系相融合，形成一种跨学科的综合体。在这个过程中，从部门符号学中演化出来的一个与文化研究紧密相关的分支——文化符号学，将文化视为一套符号系统或象征网络。

2. 中国传统文化符号

文化符号学在中国传统文化领域的应用造就了一门独具特色的学术分支——中国传统文化符号学。这门学科致力于深入探讨历经千年的中国文化遗产，而中国文化遗产是我国各个民族在漫长岁月中累积的文化宝藏。

（1）中国传统文化符号的显著特点

中国传统文化符号汇集了历朝历代人的智慧，不仅融合了劳动人民的智慧，还吸纳了众多民族文化的精髓。在此基础上，中国历史文化符号的特征可归纳如下。

①地理性特征。中国地大物博，各个地区因独特的自然环境孕育出了各异的文化现象，形成了风俗习惯随地域而异的文化景观。

②民族性特征。任何文化的核心都是其承载的人文价值，这种价值使得每种文化都具有独特的民族标识。中国传统文化符号正是表现中华民族独有文化特质的象征。

③历史性特征。中国文化发展了数千年，在每个时代都形成了独有的文化标识和符号，这些符号随着历史的进程不断演变，映射出各个时代的社会面貌和价值导向。例如，长城在历史的不同阶段有着不同的文化含义，从防御工事到抗争的象征，展现了文化符号随时间演进的历史性特征。

④多样性特征。中国传统文化符号的表现手法极为丰富，包括书面语言（经典诗文）、民间艺术（剪纸、皮影戏），以及传统戏剧（昆曲、京剧）等多种形式。这些不同的文化表达方式不仅展示了中国文化的多姿多彩，也为文化符号的传承与现代化转型提供了无限可能。

（2）中国传统文化符号分类

中国在几千年的发展演进中累积了深厚的文化底蕴和多种独具象征意义的文化符号。这些文化符号不仅是中华民族智慧与创造力的结晶，而且蕴含了丰富的文化内涵和独特的视觉形象。文化符号多样化的外观反映了传统文化在政治氛围、经济条件、伦理观念等多方面因素影响下产生的多种形式，这包括视觉上的书法与绘画、吉祥图腾，听觉上的民族乐器（二胡、古筝），以及行为礼仪（拱手礼）等。

根据文化符号的源头分类，中国传统文化符号可被分为天然符号和人工符号两大类。天然符号包括自然界的山川、河流、星辰等，它们源自自然界的万物与现象；而人工符号涵盖了建筑物、工艺品等，是人类对自然界进行理解与再创造的产物。这两类符号相互交织，共同构成了丰富多彩的中国传统文化。

从社会角度对中国传统文化符号进行分类，可以将其分为实用功能符号与非实用功能符号。实用功能符号指那些与日常生活紧密相关、具有使用价值的物品，如器皿、服装、建筑等，这些符号满足了人们的基本生活需求；而非实用功能符号则包括装饰性图案、传说神话等，这些符号主要满足人们对美的需求和精神层面的需求。

按照文化符号的表现形态分类，又可以将其细分为动态符号与静态符号。动态符号通常通过一系列动作、仪式或表演来传达文化意义，如舞蹈等；而静态符号则以固定的形态存在，如雕塑、建筑、绘画等，这些符号通过其稳定不变的形态传达文化意义。

二、文创产品设计开发的主体资源

（一）政策

2016 年，我国发布了《关于发挥品牌引领作用推动供需结构升级的意见》，该政策旨在树立国货品牌，以引导当前消费的回流。2017 年，我国将 5 月 10 日定为“中国品牌日”，充分发挥了我国本土品牌的引领作用，助力我国消费结构升级，同时满足了民众对文化消费的需求。在传统文化迅速传播的背景下，购买和支持国货产品成为一种关心和爱国的方式。消费者在购买优质国货时，表达了对本民族的认同，形成了一种通过传播传统文化实现的社交属性，提升了民族自豪感。这些产品不仅引发了消费者的情感共鸣，还通过传统文化的快速传播和影响力，提升了中国的国际形象。

传统文化流行的本质是民族自信心的提升。在经济全球化趋势下，各国文化交流更加便捷且频繁。因此，树立国民文化自信对国家未来的发展至关重要。中国拥有几千年的文化传承，形成了大量优秀的传统文化。这些民族独有的优秀传统文化是国民树立文化自信的基石。在当今社会背景下，传统文化的涌现体现了人们生活方式的变迁，是人们文化需求和文化自信的深层体现。传统文化设计风格作为文创产品设计的创新点，应受到更多重视和弘扬。

（二）经济

目前，传统文化设计风格正在迅速崛起。这一现象出现的原因有两个：首先，年轻消费者对精神文化的需求推动了中国传统文化的发展；其次，我国近年来实体经济的快速发展为文化创意产业注入了活力。年轻消费者具备明确的消费观念和准则，他们对外来文化持包容态度，但也反对传统单一的文化输入方式。此外，他们对本民族文化有强烈的认同感，并会为国货品牌自豪。年轻消费者的这些消费属性成了国货品牌发展的助推器。通过研究近几年国货产品的销售数据不难发现，传统文化的崛起及国货产品的全新升级不仅体现在产品品牌方面，还体现在国货产品的品质和核心技术等方面。

在文创产品领域，男性消费者和女性消费者的需求特征存在差异。在产品的造型、价格和质量等方面，影响男性消费者和女性消费者购买选择的因素有所不同，女性消费者更看重产品的造型和品牌，而男性消费者更关注产品的质量、功能和价格。年轻群体通过消费文创产品表达自我，这在一定程度上也影响着我国传统文化的未来发展趋势。与此同时，我国国民的文化消费意识不断提高。他们逐渐从重视“物质消费”转向重视“精神文化消费”，这一消费现象也推动了我国文化创意产业的发展和升级。

（三）社会

在传统消费习惯中，长辈通过代际传承的方式向年轻一代讲解国货品牌的特点和优势。这一方式既加深了晚辈对国货品牌的了解和认知，又提升了国货品牌的品牌形象。然而，在如今快速发展的社会环境，以及大量外来产品涌入市场的冲击下，传统国货品牌缺乏创新能力和适应能力，发展停滞，越来越难以满足当下年轻消费群体的物质和精神文化需求，逐渐给大众留下“死板”“老旧”等负面印象。

有关数据显示，当前阶段人们对传统文化的关注度较高，“90后”已成为相关搜索的主力，而“00后”紧随其后。当下的年轻消费群体具备较强的购买能力，其精神文化需求的增加也是传统文化风格兴起的重要因素。这些年轻消费者获取信息的速度较快，拥有开阔的国际视野。然而，在产品消费方面，他们自身的文化需求往往难以得到满足。因此，传统文化设计风格的崛起成为新一代年轻消费群体拥有文化归属的体现。而随着生活方式的变迁，人们对时代的新理解和新需求成了传统文化设计风格兴起的重要因素。

老字号在传承中华优秀传统文化方面扮演着重要角色，人们需要正确认识和认同这些老字号的文化，它们是具有民众认知度和历史底蕴的民族品牌。文化不仅是一个民族的血脉和灵魂，也是企业的灵魂。在传统文化设计风格崛起的背景下，回力、老干妈等国货品牌通过与传统文化设计风格的融合创新，以及对产品质量的保证，迎来了新的发展机遇，丰富了文创产品的类别。这些老字号的文化也必定会在潜移默化中影响其他企业，影响那些热衷于购买老字号产品的人群。随着当下消费群体越来越年轻化，相应的消费者需求也在不断变化，这促使相关国货品牌不断创新与发展，以更好地满足当下社会发展的需求，同时也更好地展现文化自信。传统文化与产品的融合创新能够让当下年轻消费群体产生文化认同感和情感共鸣，从而更好地带动全民消费热潮，让国货品牌焕发生机，适应当下消费市场需求，树立文化自信心。

（四）技术

在当前的时代背景下，中国在科学技术领域取得的进展显而易见，已经达到了国际领先水平，尤其在区块链、5G通信、高速铁路、量子计算及人工智能等方面。这一系列技术的进步不仅展现了中国的科技实力，也引发了国内各领域对科技创新的广泛关注。随着大数据、互联网和 5G 等新技术的迅猛发展，消费者的购物方式正经历着由传统实体店向线上电商平台的转变。电商平台已经成为年轻人的首选购物渠道。电商平台的兴盛不仅为传统与现代文化产品的推广提供了新的平台，也促进了文创产业的发展。越来越多的博物馆和流行文化品牌选择开设在线店铺，这不仅突破了地理位置的限制，还降低了运营成本，为经销商带来了前所未有的便利。

传统文化产品的快速崛起并非仅仅依靠其外观的吸引力，更多是基于中国制造业长期积累的深厚基础。这些基础保证了传统文化产品在品质和性价比上的优势，使得这些产品既美观又实用，能够迅速突出重围，并通过良好的口碑在消费者中迅速传播。

第二节　文创产品设计开发的工艺

一、泥稿翻制与逆向工程

目前，在产品设计开发领域，三维设计软件大体可分为计算机辅助设计软件与计算机辅助制造软件。计算机辅助设计软件主要负责设计阶段的数字模型创建；计算机辅助制造软件主要负责生产阶段的数字模型创建与模具设计。在标准的产品设计中，计算机辅助建模的前端一般为产品二维设计，其后端一般衔接产品模型制作；但就很多对形态细节要求较高的文创产品设计而言，手绘二维设计方案后，往往需要设计师手工制作泥稿方案。

（一）泥稿翻制

1. 制作泥稿可选用的材料

雕塑泥主要为目结土，具有黏性强、无杂质、易洗光、可塑性强等特点。专业的雕塑泥可重复使用，被广泛用于各类雕塑的泥稿制作中。陶泥是制作陶器的专用黏土，有黄褐色、灰白色、红紫色等色调，具有良好的可塑性。陶泥质感比雕塑泥更精细，可塑造形态细节。陶泥自然风干后胎体多呈白色，主要用于制作外墙、地砖、陶器具等。

与雕塑泥和陶泥相比，油泥干湿伸缩比最小，因而具有更强的稳定性。油泥对温度敏感，常温下质地坚硬细致，可精雕细琢，加温后可软化塑形或修补。油泥不沾手、不收缩、无粉尘，久置不变质、不开裂，可循环使用，主要用于工艺品、精细雕塑、工业产品模型的制作。

一般情况下，人们往往根据文创产品的造型风格来选择制作泥稿的泥土。造型特征倾向于大块面、大转折、概括写意并强调表面肌理变化的，多选用雕塑泥或陶泥；而造型特征倾向于精细写实、表面肌理细腻的，则多选用油泥。

2. 泥稿制作工具

泥稿制作工具是指对黏土或石膏进行雕刻与塑造所用的工具，一般分为普通雕塑工具与油泥雕塑工具。普通雕塑工具包括旋转雕塑台、喷壶、金属切割线、各型木制雕塑刀、各型双丝头刮刀、各型金属刮板，以及其他自制工具等；油泥雕刻工具一般包括烤箱（用于加热、软化油泥）、吹风机、金属铲刀、金属刮板、齿状刮刀、双丝头刮刀、金属或木质雕刻刀，以及其他自制工具等。泥稿制作过程中使用的各式工具犹如绘画过程中的画笔与橡皮，有“添加”与“剔除”的作用。

3. 泥稿的金属翻制方法（失蜡铸造法）

泥稿制作完毕后，设计师就需要将泥稿转化为其他产品级材质，如金属、树脂、塑料等。在工艺品制作中，将泥稿转化为金属材质一般分为以下四步。

（1）制作硅胶模具

制作硅胶模具一般采用真空浇注的方式，制作方法简便，模具可多次使用。制作步骤如下。

①按产品重量配置丙烯腈－丁二烯－苯乙烯（Acrylonitrile Butadiene Styrene，简称 ABS 溶液）。

②混合 ABS 溶液并脱气（在真空柜内操作），脱气时注意观察，防止溢出液体。

③给硅胶模型腔内喷脱模剂。

④将配合脱气后的 ABS 溶液装入真空柜。

⑤用塑料薄膜制作真空机，浇注通道。

⑥操作真空机进行硅胶模浇注。

⑦真空脱气，观察 ABS 溶液是否充满硅胶模型腔。

⑧浇注完成后，封装硅胶模具，将其送进烘箱，烧制若干小时，待 ABS 溶液固化后可以开模。

⑨开模时要谨慎操作，避免硅胶模的损坏。对要求较高的产品做塑件后处理（黏结、打磨等）。

（2）硅胶模具翻制蜡模

硅胶模具翻制可使用树脂、石蜡等材质进行真空（离心）浇注，也可使用传统手工灌注。使用树脂材料翻制脱模后，产品即可成型，而使用石蜡材料浇注的主要目的是方便下一步制作金属成品。具体制作步骤如下。

①浇注：将石蜡熔化后注入硅胶模中，迅速转动模具，利用离心力将石蜡液均匀注入模具各处，蜡液凝固后可重复进行多次浇注，保证蜡模紧实无气泡。

②出蜡模与合范：待蜡模完全凝固后，将石蜡模型从硅胶模具中取出，对于分范的器物（一个产品由多个部件组成），要将多个蜡模进行拼合，并保证连接稳固、细节精致、无接痕。

③精修蜡模：一般蜡模取出后会出现飞边、断爪、沙眼、小孔不通、线条模糊等情况，需要手工对蜡模进行进一步精修，确保金属铸件的质量。

④制作引流棒：根据产品实际大小，制造粗细合适的蜡棒，并连接至蜡模上，为下一步金属铸造做准备。

（3）铸造

将蜡模包裹涂料和石英砂浆后自然晾干，通过高温脱蜡使其形成砂模，将金属溶液注入砂模，待其冷却后将砂模破坏掉，取出金属坯件。这种工艺制出的产品外表光洁度好，尺寸精确，因而该工艺也被称为精密铸造。

（4）表面精修与表面处理

金属坯件制成后，相关人员需要对其表面进行精修，打磨瑕疵和凸起，并补足气孔沙眼，利用高温进行表面抛光。例如，黄铜材质的器形，可采用高温着色与手工彩绘的方式完成表面处理；而使用合金材料的器形，则可采用电镀、电泳、热镀锌、抛丸、喷砂、磷化、超声波清洗等工艺进行表面精修和处理。

（二）泥稿的三维逆向工程

逆向工程，亦称逆向技术，涉及对特定目标产品的深入分析与研究，通过这一过程，人们可以揭示并重构产品的处理流程、架构、功能特性及技术规范等关键设计要素。此技术使得设计师能够创建出具有相似功能的产品，尽管这些产品在某些方面与原始产品并不相同。逆向工程不仅是一种产品再现技术，它还为设计师理解他人的产品提供了宝贵的技术，有助于改进现有技术或开发新技术。此外，逆向工程在软件开发、信息技术安全、制造业及学术研究中都有广泛应用，特别是在那些需要解构复杂系统以获取失传信息或未充分记录信息的领域。

随着计算机辅助设计软件的流行，逆向工程变成了一种能根据现有的物理部件，通过 3D（三维）扫描技术构筑 3D 虚拟模型的方法。逆向工程需要先丈量实际物体尺寸，然后通过相应软件生成3D模型。真实的对象可以通过激光扫描仪、结构光源转换仪等仪器进行尺寸测量与模型复原。

逆向建模的主要工具是三维扫描仪与模型生成软件。其工作原理为，以三维扫描的方式创建物体几何表面的点，这些点通过连接形成物体表面形状，点越密集，设计师创建的模型就越精确（这一过程被称为数字三维重建），若扫描仪能够获取扫描对象表面的颜色，则可进一步在重建的模型表面粘贴各种材质贴图，即“材质印射”。现在的三维扫描仪主要分为接触式、非接触式及非接触被动式三种类型。产品设计领域比较常用的为非接触式扫描仪。

使用三维扫描逆向技术，可以对泥稿原型进行扫描，在形成数字三维模型后，人们可直接使用三维打印机（三维雕刻机）进行不同材质的打印雕刻，进而形成文创产品，还可以使用各类分型软件，并进行模具设计，而后批量生产。

二、塑料制品的主要成型工艺

塑料类产品的加工成型工艺主要包括注塑成型、挤出成型、压制成型、吹塑成型、浇铸成型、气体辅助注射成形等。此类产品从方案设计至批量化生产大致经历开发产品、设计三维数字模型、根据加工工艺分型分色、三维打印或数字雕刻模型（样机）制作、模型（样机）表面处理与装配、产品分型与结构设计、模具制造、批量化生产与组装（装配）等工序。从文创产品设计开发的角度来说，塑料材质产品的成型工艺多为注塑成型与吹塑成型两种。

（一）注塑成型

注塑成型技术是一种高效的塑料产品制造方法，具体过程为，利用机器将熔化状态的塑料材料高速注入预制的模具中，使其在模具内固化形成塑料产品。这种方法适用于绝大多数热塑性塑料材料，除了少数材料，如氟塑料。在特定条件下，某些热固性塑料也可以通过此技术进行成型。注塑成型过程在塑料制品生产中占据重要地位，约占整体生产量的 30%，其显著优势在于能够一次性成型复杂的部件，能保证产品尺寸的高精确度和生产效率。此外，注塑成型技术还能使产品形成高质量的外观，满足不同行业对塑料制品外观的严格要求。

注塑成型工艺过程主要包括合模、填充、保压、冷却、开模与脱模五个阶段。

1. 合模

塑料件注塑成型至少需要凹凸（阴阳）两块模具拼合（合模），才能通过注塑机出料口向内填充液料。复杂形状的部件有时需要多块模具拼合，但无论模具数量如何增加，仍可理解为是由内外（凹凸）两部分拼合而成的。模具内部留有虚空内壁，以实现液料填充。

2. 填充

此阶段自模具闭合并开始注入液料起，直至模具内部空间被充满大约 95% 时结束。从理论角度来看，填充阶段的时间越短意味着整体成型的效率越高。然而，在实践操作中，成型速度（或称注塑速度）会受到多种因素的约束，导致实际成型时间与理想状态有所差异。这一阶段的速度和效率不仅关系到生产效率的提升，也直接影响产品的质量和生产成本。

3. 保压

保压阶段是注塑成型过程中的一个关键环节，其核心作用在于对已充满液料的模具持续加压，目的是通过压实液料来提高其密度，补偿冷却导致的收缩。在此过程中，因为模具内部已被液料充满，形成较高的背压，注塑机的螺杆只能缓慢地微进，以确保液料在模腔中均匀密实。这一阶段中的液料流动被称为保压流动，流动速度相对较慢。随着保压阶段的进行，塑料件的密度逐步提高，逐渐接近最终形态。直至注塑口处的塑料固化封闭，模腔内压力达到峰值，保压过程才算完成。

4. 冷却

冷却阶段在注塑成型过程中占据了至关重要的地位，主要是因为塑料成品需经过充分冷却并达到一定的强度后，才能在脱模时保持形状，此阶段的工作主要是为了防止塑料成品因外界力量作用而变形。考虑到冷却时间在整个成型周期中所占比重高达 80%，一个高效的冷却系统对于缩短生产周期、提升生产效率及降低成本具有显著影响。精心设计的冷却系统不仅能确保产品质量，还能提高整体生产效率，对于注塑成型生产过程而言，是不可或缺的一个环节。

5. 开模与脱模

开模与脱模过程标志着注塑成型周期的终结。在此阶段，经过冷却固化的注塑件通过模具的分离及顶出机制被移除。尽管此时的制品已形成固态，脱模步骤的执行质量对最终产品的完整性与外观质量仍具有较大影响。不恰当的脱模手段可能会在制品脱模过程中引发力学分布不均的现象，导致制品发生变形或出现其他缺陷。常见的脱模工具包括利用顶针或脱模板。完成脱模后，生产人员将迅速进行后续处理，如去除注塑件的毛刺，以确保制品的质量与美观度。

（二）吹塑成型

吹塑成型工艺，也称中空吹塑工艺，是一种得到广泛应用的塑料加工方法。与注塑成型工艺相比，吹塑成型工艺类似于在一个外模腔的框定下“吹气球”的过程。当“气球”外壁冷却成型后，打开外模并取出“气球”便完成了整个吹塑过程。因此，吹塑成型工艺的模具只有外模而没有内模。该工艺一般适用于“口小腹大”的瓶形塑料容器制作，成型容器体积可达数千升。目前，吹塑成型生产过程已采用计算机技术，成型更加精确。适用于吹塑的塑料材质有聚乙烯、聚氯乙烯、聚丙烯、聚酯等，吹塑工艺被广泛应用于工业产品的包装容器制作中。

根据型坯制作方法，吹塑成型工艺可分为挤出吹塑、注射吹塑、拉伸吹塑及多层吹塑等。其中，挤出吹塑工艺因高效率而在工业生产中被广泛应用。挤出吹塑工艺按照坯料的提供方式进一步细分为连续挤出吹塑与不连续挤出吹塑。在连续挤出吹塑中，挤出机需要不间断地挤出管状坯料。当管状坯料达到预定长度时，吹塑机闭合模具并切断管状坯料，随后模具与切断的坯料一同移至下一加工站点进行吹胀、冷却和脱模处理。从时间上看，后一段管坯的挤出与前一段管坯的吹胀、冷却、脱模是同步进行的，故连续挤出吹塑生产效率高，适合大批量生产。不连续挤出吹塑则是将熔化的物料挤出并存储起来，再将塑料熔体挤成管坯，并吹塑成型。由于此法事先存储了较多的熔体，故可在较短时间内挤出大量的熔体，可用于大型容器生产。

三、玻璃制品的主要成型工艺

玻璃是文创产品中最为常见的材料之一，一般以多种无机矿物（如石英砂、硼砂、硼酸、重晶石、碳酸钡、石灰石、长石、纯碱等）为主要原料，经高温熔制而成，其主要成分为二氧化硅和其他氧化物。琉璃，也称“瑠璃”，在欧美也被称为“彩色玻璃”。古法琉璃是将“琉璃石（天然水晶）”混入“琉璃母（各种稀有金属）”中，在1000℃的高温下烧制而成的。其色彩丰富，看起来晶莹剔透、光彩夺目。今天琉璃制品往往以人造水晶为原料，加入金属或化学物质烧制而成。

玻璃与琉璃均含有90%以上的二氧化硅，因此化学成分比较相似，加工工艺也极为相近。其加工成型工艺主要包括吹制成型、压制成型、拉制成型、压延成型、浇铸成型、浮法成型等。为了方便讲述，本书不再对二者的材质做区分，玻璃成型工艺同样适用于制作琉璃制品。

（一）吹制成型

吹制成型是制作玻璃器皿最古老的方法，早在公元前，古埃及人就已掌握了玻璃吹制的工艺，能吹制出多种形状的玻璃产品。吹制指利用吹管将熔制好的玻璃液在模具中吹制成型，其加工手段与塑料吹塑成型工艺较为相似。该种成型法主要包括人工吹制和机械吹制两种。人工吹制是吹制工手持一条空心铁管，一端从熔炉中蘸取玻璃液（挑料），另一端为吹嘴。挑料后在滚料板（碗）上滚匀，吹气形成玻璃料泡，可在模中吹成制品，也可无模自由吹制，然后从吹管上敲落后冷却成型。人工吹制所获得的玻璃器皿形态独特自由，批量小，多用来制作高级器皿、艺术玻璃等。机械吹制指使玻璃液由玻璃熔窑出口流出，由供料机分割为固定重量和形状的料滴，剪切入初形模中，通过高压空气吹成或压成初形，再转入成型模中吹成制品。

（二）压制成型

压制成型主要指玻璃液由玻璃熔窑出口流出后，经供料机形成固定重量和形状的料滴，随后这些料滴被送至低温的模具中，在空气压缩下或者是柱塞压力作用下填满整个模腔，经过冷却待充分固化后再脱模吸出。简单来说，压制成型就是将玻璃料通过内模压入外模，把玻璃料挤压成型。两模间的空隙会影响产品的厚薄，而内模是通过气压来控制的，所以气压太大可能减少两模上下的空隙，使产品的底变薄；若气压太小则相反。

（三）拉制成型

拉制成型适用于制作各种板材和管材，其作用原理是对黏流状态的玻璃施加拉力，使其变薄，并在不断的变形中冷却定型。拉制成型工艺主要用来制作玻璃管、棒、平板玻璃、玻璃纤维等。除用传统的手工拉制外，还可用机械拉制。随着社会对玻璃管需求量的增加，目前批量大、质量要求高的制品多用机械拉制成型。机械拉制成型工艺分水平拉制和垂直拉制两种。

（四）压延成型

压延成型技术是玻璃加工的关键方法，可用于制造各种玻璃制品，包括平板玻璃和特殊纹理玻璃。压延成型工艺会通过轧辊将黏性玻璃液体压制成所需的厚度和纹理，此技术有单辊法和双辊法两种。单辊法适合生产复杂纹理的玻璃，需经退火处理降低内应力；双辊法则利用一对轧辊连续操作，适合大规模生产，能制造双面图案的玻璃。

（五）浇铸成型

浇铸成型是一种在常压下将玻璃液体注入设计模具内，并让其冷却固化以形成最终制品的玻璃成型技术。该方法特别适用于生产特殊玻璃制品，允许制品在无需额外压力的条件下，与模具腔体保持形状的一致性。浇铸成型工艺的低压力需求，降低了对设备与模具强度的要求，减少了生产成本，使其成为制造大型或特殊形状玻璃制品的理想选择。浇铸成型工艺的多种变体，包括灌注、嵌铸、压力浇铸、旋转浇铸及离心浇铸等方法，均基于原有技术进行创新以满足多样化的生产需求和制品特性。灌注法特别适合定制化的设计，嵌铸法可产生具有特殊视觉效果的复合材料制品。压力浇铸法通过施加压力以提高生产效率和制品密实度，而旋转浇铸法和离心浇铸法利用模具旋转产生的重力或离心力，实现玻璃液体在模腔内的均匀分布，适合于生产空心或内部结构复杂的制品。这些技术的发展不仅扩展了玻璃制品的设计与功能范畴，也提升了生产效率和制品质量。

（六）浮法成型

浮法成型技术自 20 世纪 50 年代开始，已成为生产平板玻璃的主流方法，尤其在建筑和汽车行业的应用较多。在重力与表面张力的共同作用下，从池窑中连续流出的玻璃液会形成具有高度平整性的玻璃层。这一过程不仅确保了玻璃的平整性和厚度，而且显著提高了生产效率和成品质量。浮法成型的独特之处在于其高度自动化的生产线能够持续不断地生产无波纹、厚度均匀的平板玻璃。这种技术的应用极大地降低了玻璃生产过程中的能耗，提高了原材料的利用率，同时也减少了生产过程对劳动力的依赖。

四、木材的主要加工工艺

在文创产品设计开发中，天然木材与金属、塑料、玻璃皆为常用的几种材质。相较其他几种材料，木材具有生产成本低、耗能小、无毒害、无污染、安全环保等特色，其物理性能优越，质量轻、强度大、保温绝缘性好、易于加工。另外，木材自然纹理优美，色泽丰富，具有很强的装饰性。木材成型加工工艺涉及对一系列木质原料的加工，包括手工或机械加工成形、组装制品，以及后续的雕刻、表面处理和涂饰。这一过程不仅要求人们对木材的物理特性和加工特性有深入了解，还需要有精确的技术操作和艺术处理能力，这能确保最终产品的质量和美观。

（一）木材的干燥

木材属多孔吸湿的天然材料，故木材在加工之前需要经历干燥环节，排出不必要的水分，以控制内部含水率，防止其在加工环节收缩、变形、开裂，改善其受力性能与加工精度。另外，干燥后的木材不易变质腐朽，重量相对较轻，方便运输。木材的干燥可以分为自然干燥与人工干燥两种形式。

（二）木材的选用

在文创产品设计过程中，设计师应根据不同的用途选用合适的木材。一般而言，文创产品中的木材使用单位体量较小，因此多选用质地紧密、硬度高的木材。当然，在实际的文创产品设计过程中，设计师也可根据文化主题及地域特征选择当地盛产且具有独特文化含义的木材。

（三）开板下锯

开板下锯是原木加工的首要环节。下锯要根据现有原木的尺寸、质量、肌理、产品设计的要求及出材率等因素进行操作。一般可以将原木分为横切面、径切面和玄切面。横切面是指与树干主轴或纹理相垂直的切面；径切面是指顺着树干的轴向，通过髓心和木射线并与年轮垂直的切面；玄切面是指没有通过髓心的纵切面，顺着木材纹理切割。制材下锯方式包括原木平行下锯法、转圈下锯法、毛方下锯法和原木四分法。手工锯割工具主要有框锯、刀锯、横锯、侧锯、钢丝锯、板锯、手锯等；木工锯割机床分为带锯机与圆锯机两种。

（四）刨削与凿削

刨削技术指使用与木面呈特定角度的刀具边缘，通过其与木材表层的相对滑动，实现木面微薄层的去除。此法旨在将木质原料精细加工成预定尺寸且表面光滑的构件。手动加工工具包括各式平面刨、槽道刨、侧边刨、金属刨及定形刨等。而机械化木工刨削则依靠刀轴的高速旋转驱动刨刀完成作业，主要分为平面刨削机和压力刨削机两大类。

凿削过程则依赖凿具的打击作用，通过凿具锐利边缘垂直于击入木纤维并持续移除木屑，逐步雕刻出需要的正方形、长方形或圆形接槽。根据刃口的宽度及厚度不同，可划分为细凿和宽凿两种类型。

（五）木材热弯

木材热弯有软化处理、加压热弯与干燥定型三个环节。

软化处理可使木材具有暂时的可塑性，以便木材在外力作用下按要求变形而不至于折断，并在弯曲变化状态下重新恢复木材原有的刚性、强度。一般而言，木材可通过物理与化学方法实现软化处理，物理方式可采用水热处理法，用水作为软化剂，加热软化剂以获得木材软化的效果；化学法可采用液态处理法、气态氨处理法、氨水处理法、尿素处理法、碱液处理法等。

加压热弯是指利用模具、钢带等手工或机械方法，将已软化好的木材加压弯曲成预定形状。手工弯曲，即用手工夹具进行加压弯曲，夹具由金属夹板、断面挡块、拉杆等组成。机械弯曲可批量化弯曲形状对称的不封闭木材，常采用U形曲木机；若弯曲成封闭形状，可采用回转型曲木机。

干燥定型指在木材热弯成型后，通过加热定型的方式，将木材的含水率降低至10%左右，最终使弯曲形态固定下来。

（六）表面上漆

为达到木制品防水、防潮，以及表面有光泽的目的，人们往往会对其表面进行上漆处理。上漆前须保证木制品足够干燥，并对其表面进行抛光、磨光处理，去除毛刺，使表面光洁，保证漆层的均匀性。实木上漆一般会采用三种工艺，即混油工艺、清漆工艺、擦色工艺。混油是一种不透明的、可以遮盖木质的漆。混油工艺是指对木材表面进行必要的处理之后，在木材的表面涂刷有颜色且不透明的油漆。清漆是一种由树脂和溶剂组成的涂料，因为涂料和涂膜都是透明的，所以也经常被人们称作透明涂料。清漆涂覆操作完成后，人们仍可清晰看到原木的纹路，有一种自然美感。擦色工艺，即修色，是指在保持原有木材纹路的基础上，改变木材本身颜色的一种工艺。木材经过手工刷漆与喷漆后，仍需要表面抛光。喷漆与表面抛光的次数越多，漆面越光洁平整，漆层也相对越厚。

第五章　文创产品的品牌策划与营销推广

第一节　基于地域文化的文创产品的品牌策划

一、地域文化对文创产品品牌策划的影响

（一）地域文化在文创产品品牌策划中的重要性

文创产品的品牌（以下简称文创品牌）策划可通过构建独特的品牌文化来确立品牌在细分市场的差异性，进而引导目标群体做出选择。其核心环节包括品牌定位、产品设计与传播方案三大方面。在品牌定位环节，利用地域文化进行定位，能够迅速凸显品牌的独特卖点，从而构建品牌的独特性。地域文化中的图案、艺术作品及民俗文化等元素，为设计师提供了丰富的灵感，使品牌能够通过文化符号与消费者建立深厚的情感联系。将品牌与地域文化相结合，既能够推广文创品牌，又能够传播地域文化，形成互利共赢的局面。

文创品牌不仅承载着一定的商业使命，更肩负着传播文化的重任，其形成必然要依托丰富的文化资源。尽管我国文化资源丰富，但部分地区尚未充分发掘自身特色文化。文创品牌的发展有助于推动地域文化产业的创新，丰富文化内容，促进文化创意产业的繁荣。地域文化作为经过历史沉淀形成的独特文化体系，能够迅速构建高辨识度的品牌文化，帮助文创品牌在竞争激烈的市场环境中确立自身地位，展现文化特色，实现品牌突围。因此，将地域文化融入文创品牌策划中，对于品牌的发展具有重要意义。

（二）地域文化对文创品牌策划定位的影响

明确的定位在文创品牌策划中十分关键，该项工作面临的首要挑战在于深刻理解目标消费者的文化需求，并在满足目标消费者需求的同时，在市场中塑造独

特的品牌。一个精准的市场定位，有助于品牌迅速找到自身独特的卖点，从而在众多竞争者中脱颖而出。

谈及对人们独特文化需求的满足，地域文化所蕴含的精神特质显得尤为关键。不同的地域文化因环境、人文等因素而独具魅力，品牌一般都植根于这些民间文化之中。尽管许多地域文化的外在形式已不适应现代生活，但其内在的文化精神始终会对当地居民产生深远影响。因此，在研究品牌定位时，相关人员必须深入了解地域文化与品牌定位的内在联系。

通过综合考察地域文化，相关人员可以明确品牌定位的基本方向，把握其文化属性，并在品牌策划中将地域文化转化为更适合现代生活的内容。当消费者在现代生活中感受到熟悉的地域文化时，更容易与其产生共鸣。地域文化是文创品牌策划的宝贵资源，能够赋予品牌独特的生命力。

在策划定位阶段，品牌方可以从本地域的历史文化、生活习惯、精神情感等方面进行深入挖掘，从而确定品牌的目标市场。这样，品牌方就可以针对性地选择产品，并开发出与地域相关的文化意义。消费者由于对地域文化的熟悉和认同，更容易接受与自己情感文化相契合的品牌。他们追求的不仅仅是一个产品，更是品牌带来的心理归属感。通过依托地域文化，品牌方可以减少品牌的商业性，利用地域文化作为沟通桥梁，使品牌更加贴近消费者的生活，与其建立深厚的文化联系。

（三）地域文化对文创品牌策划设计的影响

将文化元素巧妙地融入产品中是文创品牌策划初期必须深思熟虑的问题，而在这一过程中，深入了解目标消费者的情感倾向、生活习惯及消费能力至关重要。了解了消费者对文化意义的期待后，设计师就可以有针对性地进行产品设计，巧妙地将地域特色融入其中。这样，品牌不仅获得了文化的支撑，也会因此而更具“人性”，更容易与消费者产生情感共鸣。

一个品牌给消费者留下的第一印象至关重要，而产品的形象设计正是优化这一印象的关键所在。正如松下幸之助所言：当今时代，单纯依赖产品性能已无法满足消费者的需求了，人们必须在功能之外，赋予产品以美感，这是一种文化标准，也是一种消费趋势。对于文创品牌而言，其核心正是地域文化，地域文化通过文化的美感吸引目标消费者。

地域文化的原始美感常常通过图形纹样得以体现，这是人类与生俱来的审美本能。对于本地人而言，其审美基础往往建立在自身所知的地域文化之上；而对于外来者，他们往往通过图案来感知一个地域的文化特色。同时，不同地域的产品设计、材质选择也各具特色，产品取材于本地资源不仅能降低成本，还能凸显地域文化的独特魅力。产品的呈现方式同样可以融入地域文化，并成为当地人地域生活习惯的生动体现。一个简单的绳结或传统建筑元素会因地域文化的差异而千变万化，具有强烈的地域标识性。因此，通过巧妙运用本区域特有的文化元素，设计师可以从图案、材质、呈现方式等方面，将地域文化融入产品中。这样的设计往往能触动消费者的情感记忆，使他们与品牌建立深厚的情感联系。

（四）地域文化对文创品牌策划传播的影响

地域文化历经时光洗礼，汇聚了人们生活的智慧，升华成了民族精神瑰宝。尽管传统的地域文化与现今的文创品牌领域看似联系不够紧密，但它们却能在共同的文化宣传与输出目标下完美融合。地域文化致力于文化的传承与发扬，而文创品牌则通过文化实现商业价值的最大化。尽管二者发展路径不同，却都以消费者为中心，文创品牌基于消费者需求，丰富了自身意识形态；而地域文化则是消费者形成自我意识和社会经验的重要基石。因此，地域文化与文创品牌策划相辅相成，文创品牌助力地域文化的广泛传播，而地域文化则为文创品牌提供了各类文化元素。在经济与文化日益交融的当下，二者的结合不仅为传统地域文化注入了新的传播活力，也为文创品牌提供了丰富的文化资源和历史素材，增强了其在商业竞争中的文化软实力。

文化的传播离不开合适的载体，地域文化的高效、可持续传播可以以文创产品为媒介。通过文创产品的销售与展示，地域文化得以被直观、生动地展现给消费者。文创品牌以文化为核心，因此在品牌的传播过程中，地域文化也得以同步宣传，实现了文化与商业的双赢。

二、地域文化元素在文创品牌策划中的应用方法

（一）以地域文化为基础对消费者进行情感渗透

1. 通过地域文化激发消费者的情感记忆

品牌作为消费者与产品之间的桥梁，其重要性在于能够使消费者与产品建立直观的联系，并在精神情感层面与消费者产生深度共鸣。消费者的行为习惯在成长过程中深受地域文化的影响，这种文化不仅塑造了他们的经验人格，还在其社

会人格塑造上发挥着作用。地域文化对于人们来说是一种难以割舍的情感纽带，对其生活习惯的影响深远而持久。

在进行商业消费时，尤其是在情感类和文创类产品消费中，地域文化实际上在无形中左右着消费者的选择。随着互联网技术的迅猛发展，信息的爆炸式增长让消费者面临如何选择产品的困扰。在不断变化的社会环境和产品迭代中，消费者在努力适应现代生活的同时，也渴望从熟悉的回忆中寻找情感寄托，而地域文化所拥有的独特魅力能够激发消费者的情感共鸣。

每个消费者都对自己曾经生活过的地域有着深厚的情感依赖，这种地缘情节通过地域文化得以连接，能为消费者带来一种亲切和熟悉的感觉。在面对新事物和熟悉领域时，人们往往会本能地倾向于后者。因此，通过激发消费者对地域文化的情感记忆，品牌可以与消费者建立深厚的联系，并在消费者心中树立起独特的品牌形象。当消费者对该地域文化相关产品产生购买意愿时，他们会首先想到与之建立联系的品牌。

2. 以消费者的情感记忆为基础提升其品牌忠诚度

品牌通常被视为无形资产，与之相比更深层次的资产是消费者对品牌的忠诚度。若无忠诚的消费者群体，品牌便只是一个识别的标志而已。

传统的品牌策划方法倾向于通过定量研究来改进产品，从而满足消费者需求，并不断地调整品牌策划策略以取悦消费者。然而，满意只是消费者态度的一部分，并非提升消费者品牌忠诚度的最佳手段。影响品牌忠诚度的因素有两方面——情感直觉和品牌信誉，对于文创品牌来说，前者显得尤为重要。

在情感直觉方面，定量研究显得有些力不从心。为了深入了解目标消费者在文化情感上的需求，品牌方需要借助定性研究，与消费者深入探讨，从而发现品牌在文化层面上的情感结构。通过触动目标消费者的情感记忆，品牌可以与他们建立深厚的联系，进而促成购买行为，并逐渐培养品牌忠诚度。

3. 打造地域文化标志性品牌

当消费者建立起较高的品牌忠诚度时，品牌便会在所处地域的文化圈层占据领导地位。在这个文化圈层中，品牌能够作为文化的代表，赋予产品较多的文化意义。

品牌在本文化圈层稳固地位后，其对外扩展主要可分为两类。一类是吸引对本地域文化有浓厚兴趣的消费者，使他们主动寻求和了解本地域文化。在这种情况下，品牌便会自然而然地传播开来。由于品牌在地域文化中的地位较高，消费者在消费之前便已经对品牌产生了很大的信任感，这种方式更容易激发消费者的自传播行为。另一类是针对尚未了解此地域文化的消费者，这需要品牌方通过多种媒体渠道进行推广，用本地的地域文化带动品牌的发展。尽管消费者所处地域的地域文化各不相同，但文化的发展过程和方式具有共通性，不同地域文化间存在许多相似之处。相对于商业品牌，文化在传播时更容易被消费者接受。当文创品牌作为地域文化的代表出现在消费者面前时，品牌方可以以文化为桥梁，建立起消费者与品牌之间的联系。

（二）以地域文化为基础的商业模式创新

1. 提案式商业模式对市场的影响

关于究竟应依据目标消费者的需求调整产品，还是以产品为引导吸引消费者，一直是业界的焦点，“顺应市场需求”的传统商业模式正逐步被“引领生活需求”的新型市场商业模式所替代。实际上，大多数消费者只能明确表达自身5%左右的需求，而剩余的20%隐性需求和高达75%的随性需求往往难以被察觉。

提案式商业模式作为一种启动、掌握并引导市场的商业模式，其核心在于发掘并引导消费者的潜在需求。该模式通过向消费者展示其潜在需求的产品来实现市场的拓展和深化。具体而言，提案式商业模式分为五个步骤：一是探寻消费者的潜在需求，二是深入揭示消费者产生需求背后的原因，三是为消费者提供针对性的产品，四是激发消费者的进一步需求，五是在完成交易后与消费者建立长期的联系。

2. 通过提案式商业模式向消费者展示品牌

随着生活品质的提升，消费者的需求日益多样化。过去，人们常依据地域文化为消费者打上统一的标签，以便于市场划分。然而，在大数据时代背景下，消费者的划分方式正由多人共享同一标签转变为一人拥有多个标签。如今，消费者的“口味”越发难以捉摸，他们甚至不清楚自己真正想要的产品；但当某个产品触动他们内心深处的某种情感或需求时，他们会立刻意识到这就是他们所需的。因此，面对消费者日益复杂的需求，品牌方应该将产品视为品牌核心理念的延伸，向消费者展示品牌的态度和价值观，而非仅仅迎合消费者的“口味”。

在品牌策划过程中，若能将品牌与地域文化进行巧妙的融合，不仅能迅速拉近品牌与消费者的距离，还能显著增强品牌的文化底蕴和可信度，从而激发消费者的好奇心和兴趣。品牌方可利用提案式商业模式与消费者深入交流，并挖掘地域文化的精髓，为拥有共同地缘情感的消费者提供高品质的产品，这样不仅能在文化情感上得到他们的认同，还能在产品品质上获得他们的肯定。这可以使身处本地域文化中的消费者对品牌产生较强的信任感，并将品牌视为本地域文化的典型代表。同时，对于本地域之外的消费者而言，品牌展示的截然不同的文化环境和生活方式，能为他们提供独特的体验机会。

（三）以地域文化为基础提炼品牌故事

在文创品牌策划中，讲述故事是一种简洁而高效的树立品牌形象的手法，已成为当今文创品牌的主流策略。通过将故事巧妙地融入品牌之中，品牌可与消费者建立情感联系，最终使品牌和故事共同存在于消费者心中。

一个出色的品牌故事不仅能赋予文创品牌独特的个性，还是传达品牌深层内涵的关键工具，特别是那些源自地域文化的品牌故事，因其真实性更容易触动消费者的情感，为文创品牌注入文化灵魂，激发消费者的潜在购买欲望，并使他们忠于品牌。

在创作品牌故事之前，设计师要深入了解地域文化与文创品牌之间的关联，找出它们之间的共同点和亮点，不要编造空洞的故事，而要真实地展现情感和文化的内涵。尽管在品牌策划阶段大多数品牌都是新的，但产品本身往往有着悠久的历史和故事可挖掘。无论是历史还是故事，设计师在创作时都应尽量保持其情感和文化的真实性，因为只有真实的故事才能经受住时间的考验。

品牌故事的核心在于其差异性，而地域文化作为丰富的素材库，为每个品牌提供了独一无二的故事来源。每个地域文化都有其独特性和深厚的历史背景，因此品牌故事可以从多个角度进行创作，避免与其他品牌混淆。

一个成功的品牌故事通常遵循起承转合的基本逻辑。起的部分要引人入胜，结合当前消费者最关注的点，展现地域文化的独特之处；承的部分要顺理成章地引出品牌故事的主题，以消费者易于接受的地域文化为基础，讲述历史、传奇和风土人情；转的部分要突出品牌的特点和所代表的文化价值；合的部分则要回到故事的起点，展示品牌如何满足消费者的期待，如何为他们带来全新的体验。

对于身处地域文化中的消费者来说，这样的故事能使他们与自身所知地域文化产生共鸣，增强地缘情结，而对于地域文化之外的消费者来说，这是一种更加易于接受的了解不同地域文化的方式。通过这样的故事，品牌可以在消费者心中播下种子，待其生根发芽，最终会转化为消费者对品牌的忠诚和喜爱。

（四）以地域文化为基础的品牌营销思维

1. 超级用户思维

当前的文创品牌市场正处于蓬勃发展的初期阶段。尽管许多文创品牌已经根据时代的需求在策划和推广方式上进行了更新，但无论是通过调整品牌策划方案以迎合消费者的兴趣，还是运用大数据进行精准营销，在目前看来，效果均不明显。过去那种广泛撒网的营销策略已经过时，品牌方现在需要进行思维上的转变。

所谓的“超级用户思维”，即品牌不仅要关注自己拥有多少用户，更要关注其中有多少是超级用户。这正是小圈子经济的核心所在，对于文创品牌来说尤为重要。因为多数文创品牌自身的资源有限，难以支撑大规模的营销策略。因此，品牌方可以在品牌建立初期就研究如何吸引和培养超级用户，与他们建立长期、稳定和可信赖的关系。通过为这部分用户提供精细化的服务，品牌方可实现盈利，然后逐步扩大品牌影响力。这就像一座城市，城市管理层不仅要为市民提供优质的生活设施，还要赋予他们生活在这座城市的自豪感。通过精心打造和服务好“城邦之内”的用户，品牌可以形成良好的口碑效应，吸引更多用户加入。

2. 独立生态式营销思维

这种思路同样适用于基于地域文化的文创品牌策划。那些生活在特定地域文化背景下、拥有共同地缘情感的消费者会成为品牌天然的超级用户，他们更容易被品牌所蕴含的文化情怀打动。这些超级用户因对本土文化的认同，会自然形成一个独特的文化圈，类似于火山口内环的结构，可孕育出独立的生态循环系统。品牌方的目标是让品牌融入这个文化圈，甚至以品牌文化为核心来构建这样的文化圈。

由于文化上的共鸣，品牌信息在这个文化圈内会更容易传播并影响消费者。这种文化圈的形成不仅迅速，而且稳固。随着文化圈规模的不断扩大，其影响力也会逐渐增强，进而引发强烈的传播效应。圈内的超级用户会自发地将自己的地域文化分享给圈外人，吸引他们关注并了解这一文化。当外界用户对这一地域文化产生兴趣时，他们会观察圈内人的生活方式，进而关注他们所消费的产品。这时，品牌就在无形中得到了推广。

在品牌策划中，以地域文化和地缘情感为核心构建超级用户圈是一种既稳健又具有高可信度的策略。这种策划思维符合商业时代的发展趋势。在这样的结构下，品牌不仅能在文化圈中占据领导地位，还能增强品牌的可信度，这是文创类商业行为所追求的目标。

通过创造地域文化圈，并依靠超级用户进行传播、提案和示范，品牌方可以为文化圈内的用户提供有情感依托的商业提案，为文化圈外的用户带来独特的体验。从价值观和世界观的角度进行生活方式的推广，品牌将产生巨大的商业潜力，这种潜力会随着用户的传递而不断发酵，呈现几何式的增长态势。

第二节　文创产品的品牌营销推广

一、文创产品分发渠道与推广

（一）我国文创产品分发渠道

文创产品的分发指的是文创产品在分发渠道及销售终端进行的分销与发售。

我国文创产品有四大类，分别是文化艺术、创意设计、传媒产业和软件及计算机服务，各自的分发渠道与推广策略有其自身的特点。

文化艺术类文创产品包括表演艺术、视觉艺术、音乐创作等。表演艺术在剧院舞台或其他场地与观众见面。视觉艺术中的文创艺术品特别是文物类艺术品，逐渐受到国内外市场的追捧。工艺品博览会成为其分销的一种方式，创业者需要考虑交通成本和布置展会的费用，这种分发渠道的优势是能够吸引相关目标用户。贸易展是针对中间商的博览会，礼品类贸易展是比较适合文创产品创业者的分销渠道，但这种分发渠道有一个问题，就是中间商下单量通常较大，有可能超出某些文创工作者的产能。

创意设计类文创产品涵盖多个领域，如服装设计、广告设计和建筑设计等。在服装设计中，它涉及平面绘图设计、配件设计、时尚摄影及时装模特的塑造等多个方面。而广告设计则涵盖了广告创意的构思、促销活动的策划、公关推广的实施、生产计划的制订及广告素材的制作等多个环节。不是每一个本土时装设计师品牌都有能力将直营店、购物中心、买手店、时装展、跨界店、生活体验店等各种渠道资源一网打尽的，明确适合自己品牌调性、实力、发展阶段的市场定位很重要。现在也有一些创业者开拓了新的分销模式，如与画廊、文化餐厅等商业场所进行跨界合作，或与茶道、香道等艺术会所合作。随着各地文化活动的兴起，品牌与地方文化有关部门的合作机会也更多，如为其员工设计工作服。越来越多的时装展为创业者提供了机会，帮助其举行文化沙龙、时尚论坛和专业洽谈等相关活动来对接资源。

传媒产业类文创产品包括出版、电影及录像带、电视与广播等方面的产品。视频、音频产品可以上架到各种移动应用软件、智能硬件、电视端操作系统及一些微信公众号上，还可以进行联合制作。

软件及计算机服务类文创产品包括软件开发、系统设计、动漫游戏设计、软件维护、信息服务研发等。具体而言，动画片制作完成后，通常通过报纸刊物连载或出版单行本，也会通过电视台或其他视频媒介播放，再就是动画片出版物上市，后续可能还有动画片相关衍生产品上市。

（二）分发渠道与推广的类型

分发渠道可以大致分为付费渠道、自媒体渠道和口碑渠道几类。付费渠道有线上、线下两大类，线上以电商为主要销售渠道，线上广告是以互联网为载体的广告，包括互联网广告、移动互联网广告；线下有店销、路演及户外广告等。

当前自媒体渠道也成了分发的主要渠道之一。由解放军出版社出版的《网络新词语选编》提到，自媒体是指广大民众通过网络等渠道发布自身所见所闻的事实和新闻的传播方式。自媒体利用现代化、电子化的手段，向不确定的多数人或特定的个人传递规范性与非规范性的信息。自媒体这一概念有广义与狭义两种，狭义的自媒体指的是以个体为主体进行内容创造的媒体，个体拥有独立的用户账号；而广义的自媒体不仅包含个人创作，还涵盖了群体创作、企业微博（微信）等多种形式。

当前，口碑渠道越来越受重视。互联网时代的消费者在购买产品过程中，往往会去网上搜索相关评价，那些有正面评价的产品容易产生销量，而负面评价哪怕只是少量，也会对销售产生负面影响。在口传过程中，意见领袖发挥着重要作用。意见领袖通常限定在特定的产品领域或特定的购买情境中。网络口碑比传统口头传播影响范围更大、传播速度更快、传播方式更多样，并且传播效果相对较容易衡量。

文创产品的分发通常是多渠道同时进行的，并且会根据发展阶段进行动态调整，如手机游戏的分发渠道近些年已经非常多元化，贴吧中游戏贴上的交叉推广和分发能够拉拢新用户，吧内的推广还能培养黏性较强的玩家，今日头条和网易新闻客户端都是玩家聚集地，QQ 空间还有游戏排行、游戏查找、游戏下载和游戏礼包服务，新浪微博也有很多功能可以提高玩家活跃度，随着玩家迁移、流量变动，手游的分发渠道也会随之调整。

二、文创产品营销策略

文创产品营销策略主要包括参与营销、游戏营销、社交媒体营销、事件营销、体验营销、娱乐营销、精准营销、口碑营销这几个方面。

（一）参与营销

参与营销是相对传统市场营销策略中的单一输出方式而言的。参与营销是指企业邀请或者允许消费者亲身参与某一活动，如参与产品的生产制造或推广的某个具体环节，从而提升消费者对产品的认知和认可度的一种新型营销策略。

由于企业很难满足消费者个性化的需求，这时消费者会“自己动手”，以满足其自身需要。他们的也许不成熟的想法、并不完美的设计、使用过程中的小创意等，能促进企业开发新产品、改进老产品，尤其是文创产品设计对创意的要求是丰富多样的，更需要集思广益。

当前，消费者越来越不满足于被动消费，其自主意识逐渐增强，希望通过参与产品生产来获得成就感，而且消费者更了解自己的需求，因此会更具创造力。同时，通过参与，消费者能够很好地把自己的态度表达出来，反馈给企业，有助于企业避免新产品开发的某些风险。

在手游行业，随着玩家的成长，其对游戏的要求越来越多，玩家自发的创作意愿也越来越强。玩家与厂商共同建设内容生态不仅实现了品牌曝光，也有利于内容沉淀。

（二）游戏营销

游戏营销指将品牌融入游戏场景中，让消费者通过手机或计算机体验游戏场景，进而分享和传播品牌。在这个过程中，品牌传播范围会更广。

相对于传统硬广来说，游戏营销属于隐性营销。品牌方会在电子游戏和网络游戏中发布品牌信息，结合社交平台、门店的活动，以软性植入品牌的方式，在有趣的娱乐互动中实现品牌推广。

文创产品借助游戏营销，可将品牌的视觉元素和风格植入游戏场景中，凸显品牌调性。此外，利用品牌故事或者相关内容来充实游戏内容、在游戏中凸显品牌文化，可以让玩家在玩游戏的过程中对品牌产生一定认知。

品牌方把游戏作为产品和品牌推广的平台，游戏与品牌的契合度越高，营销效果就越好。当然，游戏群体与品牌受众的契合度也是越高越好。

目前，微信等移动社交媒体也成了游戏营销的载体，其优势在于品牌商家可以利用移动社交媒体的互动性和分享性等特点，开发出有趣的轻量级手机游戏，并巧妙地将品牌融入其中。通过这种方式，品牌方可以更直接地与粉丝互动，让粉丝在轻松愉快的氛围中感知品牌，从而提升品牌形象。

当前，国内也出现了基于移动社交的游戏互动营销平台，其减少了品牌在游戏营销时进行游戏开发与调用的成本，还能为企业提供个性化的游戏营销方案。

（三）社交媒体营销

社交媒体营销，也称社会网络营销、社交化媒体营销或社交媒体综合营销，是一种运用社交媒体平台，如在线社区、博客、百科，以及其他互联网媒体平台进行市场营销、公关活动、客户服务及品牌维护的营销策略。

品牌方可以通过社交媒体这一渠道，在拥有庞大消费者基础的平台上发布关于其服务、产品的信息，借助社交媒体粉丝的关注和社群的力量，显著提升品牌在网络上的可见度和传播效果。

社交媒体的聚焦效应使得品牌方能够与潜在消费者进行更多交流。社交媒体还提供了平等沟通的平台，有利于品牌方与潜在消费者之间保持亲近的关系。

品牌方通过自己的社交媒体营销团队，不仅可以关注在社交媒体上的消费者，了解消费者对相关产品与服务的关注情况，而且可以实时与潜在消费者互动，增加其对品牌的了解，还能适时地发起社会化营销活动来促进交易。

利用社交媒体，品牌方还可以实施视频营销，以此来增加品牌美誉度。社交媒体的公开信息有助于品牌方寻找意见领袖来助力宣传。移动互联网有利于品牌方对目标消费者的群体定向及地理位置定向，在社交网络投放广告能收到比在传统媒体上投放更好的效果。

社交媒体的大数据特性有利于品牌方低成本地进行市场调查，从而有效地挖掘出消费者的需求，为产品设计创新与开发提供很好的市场依据；还能进行舆论监控，一定程度上降低品牌发展危机产生和扩散的可能。

社交媒体在吸引个人用户的同时，也吸引了越来越多的企业用户和潜在合作伙伴。社交媒体的属性特征使得品牌方能够获得比搜索引擎更加全面的资讯，用于辅助判断合作伙伴的经验和能力。

（四）事件营销

事件营销，亦称活动营销，是品牌方通过精心策划组织并利用具有新闻价值、广泛社会影响及名人效应的人物或事件，以吸引公众目光，进而提升品牌知名度、美誉度，并提升产品或服务质量的营销策略。

近年来，事件营销在国内外迅速流行，它巧妙地结合了新闻效应、广告效应、公共关系、形象传播和客户关系管理，为产品推广、品牌展示提供了绝佳的机会。事件营销一般采取软文形式，会通过媒介裂变达到传播目的，因此，相对平面媒体广告来说，事件营销的成本要低得多。作为新闻事件，其比广告可信度高，而且很多事件带有新颖性和话题性，可能会引发群众热议，具有渗透性，传播效果明显。

事件营销有借力模式和主动模式两种。借力模式是指事件围绕社会热点议题，从而提高公众的关注。在该模式中，要选择相关度较高、可控性好的策划方案，注重传播的系统性。主动模式是指品牌方设置一些结合自身发展需要的议题，通过传播，使之成为公众所关注的公共热点，这要求议题具备创新性、公共性及互惠性特点。

事件营销也有实施风险，这主要来自媒体的不可控和大众对新闻事件的理解程度。这就要求事件策划团队注重品牌方的组织行为与自身策划水平。

（五）体验营销

1. 体验营销的概念

美国学者贝恩特·施密特最早提出了体验营销的概念。1997 年，他与亚历克斯·西蒙森合著的《视觉与感受：营销美学》一书中就指出，大多数营销都因为专注于功能而受到局限，指出企业应对感官体验进行管理，进而提出了感官体验营销的概念，后来他又出版了《体验式营销》一书，对体验营销进行了明确界定。

施密特将体验营销定义为一种以体验为核心的营销和管理模式，他认为这种模式将逐步取代传统的以功能价值为主的特色与功效营销。体验营销具备四大核心特征：以顾客体验为核心、审视消费场景、审视理性与感性结合的顾客，以及平衡的方法和工具。

施密特将体验营销中的体验划分为五大战略体验模块：知觉体验、思维体验、行为体验、情感体验和关联体验。体验营销是一种通过视觉、听觉、感觉等，全面激发消费者的感性和理性认知的营销手段。

体验营销策略涉及企业特定氛围营造、相关事件设计，能使消费者深入参与并沉浸其中。这种主动参与能够给消费者带来深刻而难忘的体验，进而为企业创造让渡价值。体验营销的核心在于为消费者提供有价值的体验，以满足其体验需求，从而吸引和保留消费者。

体验营销的成功与否与地域文化差异密切相关。由于不同地域的风俗习惯和价值观念存在差异，人们对体验营销的评价也会有所不同。因此，在策划体验营销活动时，企业需要充分考虑到当地市场的文化特点，既要新颖独特，又要符合当地人的生活习惯。

企业着力塑造的消费体验应该是经过精心设计与规划的，企业提供的消费体验对消费者而言必须有价值并且最好与众不同。消费体验活动要具有稳定性、可预测性，还要关注细节，尽量避免疏漏。

2. 体验营销的模式

体验营销的模式主要有节日模式、感情模式、文化模式、美化模式、环境模式、个性模式和多元化模式。

节日模式，传统的节日观念对人们的消费行为起着无形的作用。

感情模式，寻找消费活动中导致消费者情感变化的因素，掌握消费者消费态度形成的规律，激发消费者积极的情感，从而使营销活动顺利进行。

文化模式，利用一种传统文化或一种现代文化，有效影响消费者消费观念，进而促使消费行为的发生，甚至形成一种消费习惯。

美化模式，产品本身存在着审美价值，能给消费者带来美的享受和愉悦感，满足其对美的需要。

环境模式，让消费者在良好的购物环境中，在感觉良好的听、看、嗅过程中对产品产生喜欢的感觉。

个性模式，满足消费者个性化需求。

多元化模式，现代销售场所的一大特色，现代销售场所不仅拥有舒适的环境和先进的设备，更融合了购物、娱乐和休闲等多种功能，为消费者提供了一个心理调节的场所，同时也满足了消费者对家庭功能和社交功能的需求。

随着互联网时代的到来，商家与消费者之间的接触点也日益增多。这些接触点主要体现在浏览体验、感官体验、交互体验和信任体验等方面。在这样的体验过程中，消费者可以充分发挥自己的想象力，释放感官，从而对品牌有更高的认同感。

浏览体验，指消费者通过网络直接接触品牌信息，主要表现在网络内容设计的方便性、排版的美观性、网站与消费者沟通的顺利程度等方面，能使消费者对品牌产生感性认识。

感官体验，让消费者通过视觉、听觉等来实现对品牌的感性认识，达到激发兴趣和增加品牌价值的目的。

交互体验，指消费者通过论坛、留言板等互动平台，将自己的网络体验感受反馈给品牌，这种反馈以网络为媒介，有助于实现品牌与消费者之间的双向沟通，不仅提高了消费者的参与热情，也增强了品牌满足消费者需求的能力。

信任体验，网站的权威性、信息内容的准确性和在各大搜索引擎中的排名等共同影响了消费者对品牌的信任度。

（六）娱乐营销

娱乐营销，是指借助娱乐元素或形式使企业的产品或品牌与消费者建立情感联系，从而达到销售产品、推广品牌的目的的营销方式。娱乐营销已成为企业与消费者重要的沟通手段，但当前的娱乐营销存在一些问题：缺乏新意、仿效成分居多、内涵不够，缺乏连续性等。娱乐营销的关键在于让消费者乐于接受品牌信息，其形式是多样化的，包括电影、电视剧、广播、体育活动、艺术展、音乐会、旅游和探险、主题公园等。其中，电影、电视剧作为最大众化的娱乐方式，在娱乐营销中应用最多。

（七）精准营销

精准营销，是指在精确的定位基础上，运用现代信息技术手段构建个性化的沟通服务体系，从而实现企业低成本且可度量的扩张的方法，其“精准”之意涵盖了精确、细致和可量化等方面。

精准营销借助先进的数据库技术、网络通信技术和现代高效的物流系统，实现了企业与消费者的长期、个性化沟通。这种营销方式满足了可度量和可调控的精准要求，相较于传统营销方式，其成本更低，为企业实现低成本、高速度发展提供了可能性。

精准营销的系统化手段确保了企业与消费者之间互动和沟通的顺利，不断满足着消费者的个性化需求，构建了稳定忠实的企业消费者群体。这种消费者链式反应增值，不仅满足了企业的长期、稳定、高速发展需求，也使企业实现了持续的价值增长，如抖音短视频平台采用了精准营销，对视频发布者和观看者进行标签分类，根据分类，视频会被系统推送到目标群体处，可以把美妆短视频推送给经常看美妆视频的人，把烹饪短视频推送给喜欢烹饪视频的人。抖音有时会推送上下两个主题很相似的不同视频，看观看者选择哪一个，从而进一步确定观看者的兴趣领域，确定观看者是因为偶然而点击这个视频，还是真正喜欢这类视频的主题，从而更准确地给观看者贴上标签。

精准营销的主要形式包括邮件（DM，即 direct mail）、电子邮件（EDM，即 email direct marketing）、短信、电话、直返式广告及网络推广等。其中，直返式广告是对传统广告的一种优化和升级。传统的广告侧重于向大众宣传产品的优势或价格优惠，旨在吸引尽可能多的潜在消费者；而直返式广告则更加注重通过宣传特定活动来吸引目标受众的参与，其核心在于设计吸引人的活动，以激发特定群体的兴趣。

随着市场竞争的加剧和营销成本的上升，企业越来越需要精准、可衡量且高回报的营销方式。因此，企业需要更加注重结果导向性营销方式并运用，如网站推荐系统等个性化技术手段，帮助消费者从海量网络信息中筛选出所需信息，从而达到精准营销的目的。

目前，电子商务网站、媒体资讯类网站等都在引进站内个性化推荐这种手段，以进行精准营销。

网络推广常用的精准营销方式是：搜索引擎的关键词搜索；数据库定时发出 EDM；在社交平台（微博、微信、社交网站等）上建立粉丝圈。

精准营销利用现代高效、分布广泛的物流体系，使企业得以摆脱烦琐的中间渠道环节和对传统模块化营销组织结构的依赖，从而大大降低了营销成本。

精准营销的销售组织由两大核心部分构成：一个是全面且可靠的物流配送及结算系统，另一个是作为与客户个性化沟通的呼叫中心。呼叫中心是借助网络技术和电话技术建立的平台，专门用来实现与客户的一对一沟通。其主要职责包括处理客户订单、解答客户疑问，并通过客户关怀来维护和增强客户关系。精准营销的核心运营理念在于客户关系管理。传统营销关心的是市场份额，而精准营销关心的是客户的价值。

（八）口碑营销

口碑营销的概念源于传播学，在市场营销领域得到了广泛应用。传统的口碑营销主要依赖朋友、亲戚间的口口相传，主要传递企业的产品或品牌信息。随着博客、论坛等互动型网络平台的普及，口碑营销逐渐崭露头角。

口碑营销的成功在于企业能通过当前的互动型网络平台深入了解市场需求，为消费者提供满足其需求的产品和服务。在此基础上，企业可制订有针对性的口碑推广计划，激励消费者自发宣传产品。通过这种方式，企业能够有效地扩大品牌知名度，提升产品形象。企业需要明白一个道理，即口碑是目标，营销是手段，产品是基石。

营销大师菲利普·科特勒说过，口碑营销是由生产者以外的个人通过明示或暗示的方法，不经过第三方处理、加工，传递关于某一特定或某一种类的产品或品牌，以及能够使人联想到上述对象的任何个人或组织信息，从而导致消费者改变态度，甚至影响其购买行为的一种双向互动传播行为。①

口碑营销，又称病毒式营销，其核心内容就是能“感染”目标受众的“病毒体”事件，“病毒体”威力的强弱则直接影响营销传播的效果。在信息爆炸、媒体泛滥的时代里，消费者对广告，甚至新闻，都具有极强的“免疫力”，只有传播因子具有很强的持续性、故事性，才能够迅速扩散。

口碑效应这一概念最早由任天堂前社长山内溥提出，其具体指，某些优质作品在初次发布时并未引起广泛关注，然而，随着时间的推移，这些作品通过玩家们积极的传播逐渐赢得了大众的喜爱和认可。

口碑营销有 5T 原则，包括谈论者（Talkers）、话题（Topics）、工具（Tools）参与（Taking Part）和跟踪（Tracking），具体内容如下。

1. 谈论者是口碑营销的起点——谈论者

在实施口碑营销策略时，企业首先需确定哪些群体可能会主动分享产品信息，这包括但不限于产品的忠实粉丝、日常用户，以及媒体、员工、供应商和经销商等。实施这一步骤的主要目的是对群体的角色进行定位。

口碑营销的内容往往以产品使用者的视角展开，但当人们从更宏观的营销视角去看时，众多角色都有可能成为口碑传播的起点。尤其值得一提的是，企业员工和经销商的口碑影响力同样重大，不应被忽视。

2. 给人们一个谈论的理由——话题

口碑营销涉及的话题多种多样，可能包括产品特性、价格定位、外观设计，以及各类活动、品牌代言人等。实施口碑营销的关键在于寻找那些既合情合理又出乎意料的话题，因为这样的话题往往能够产生更显著的传播效果，吸引更多人的关注和讨论。

3. 如何推动信息传播——工具

推动信息传播的工具有网站广告、邮件、博客等。对于口碑营销工作人员而言，全面理解并掌握不同传播渠道的特性是至关重要的。在选择适用的工具时，过去的投放经验具有重要的参考价值。同时，信息的监测也是不可或缺的一环，

① 赵爱婷.《旅游市场营销》模块化教程［M］. 重庆：重庆大学出版社，2020.

从早期的网站访问来源分析，到现今热门的舆情监控，口碑营销的价值日益依赖定量数据。

4. 参与到人们关心的话题讨论中——参与

企业应积极参与热点话题的讨论。网络环境中并不缺乏话题，而真正的挑战在于如何精准地找到与产品价值和企业理念相契合的话题。

5. 如何发现评论——跟踪

如何捕捉消费者的反馈和声音已成为事后监测的一个重要环节。许多软件供应商已经开始提供此类服务，以协助企业搜集和分析消费者的反馈和意见。然而，更为关键的是，当企业意识到人们在讨论自己或者即将展开讨论时，必须做出明智的决策。企业可以选择加入讨论，积极回应消费者的声音；或者试图引导讨论的方向，以更好地展示自身的品牌形象；又或者选择暂时置身事外，采取“冷处理”策略。这些决策将直接影响企业的声誉。

第六章　文创产品的创新设计

第一节　创新是文创产品的灵魂

创新在文创产品设计过程中占据着至关重要的地位，它不仅是设计的目的，也是设计的手段。在如今市场竞争日益激烈的时代背景下，文创产品的创新力已成为企业获得竞争优势的关键因素之一。创新思维是设计师不可或缺的一项能力，它对于研究如何创新设计、拓宽设计思路具有重要的意义。因此，深入理解产品创意、打破传统设计思维对文创产品设计来说具有深远的意义和影响。

一、在满足需求的前提下创新

（一）满足行为水平的创新

美国认知心理学家唐纳德·诺曼将设计划分为三大层次：本能层次设计、行为层次设计、反思层次设计。对于优秀的行为层次文创产品设计而言，其核心在于以用户为中心，聚焦于理解和满足用户的需求与期望。当然，行为层次文创产品设计主要针对操作过程中产品的功效性，即产品操作功能和操作效率进行研究，而设计师应该清楚怎样才能达到预期目的。就满足行为水平而言的创新，安全性是前提，实用性是基础。

1. 保障安全性的创新

安全性是设计操作的基础。文创产品设计的安全性是其经济性、可靠性、操作性和先进性的基础，是文创产品正常出售的前提条件。文创产品如果存在安全隐患，就会直接危及产品的使用者，对人构成伤害或存在潜在威胁的产品都是不符合设计原则的。

2. 兼顾实用性的创新

文创产品设计应当满足人类不同活动的需要，为人们提供舒适方便的使用条件，保证使用目的的实现并不会引起歧义。

文创产品设计应最大限度地满足不同层面使用者的共同要求，产品应该尽最大可能面向所有的使用者，而不该为一些特殊的情况做出较为勉强的迁就，保证文创产品设计的通用性。

（二）技术进步与创新

技术进步是文创产品设计发展的前提和基础，就文创产品设计而言，科技的发展促使产品不断更新换代，提高了人们的审美观念，同时也极大地改变了文创产品的设计手段和设计程序，使人们的设计观念发生了革命性的转变。计算机的诞生标志着文创产品设计步入全新时代，并行的设计系统应运而生，文创产品设计、价值工程分析与制造的三位一体，使设计师的道德意识、团队意识及知识结构都面临新的挑战。技术进步必然牵动产品设计的创新，而得到创新的产品大致被分为以下三种类型。

1. 全新产品

全新产品，也称原创型文创产品。全新产品的开发主要是文创产品设计概念的开发和技术研发。这种文创产品设计与开发周期较长，承担的风险也较大，但新产品研发的成功也会伴随巨大的经济效益，进而开辟出一个全新的市场领域。科技进步是促使新产品出现、老产品退出历史舞台的决定性因素。

2. 改良产品

改良产品，也叫次生型文创产品。这是一种纵向发展模式，目的是使产品克服已有问题，趋于性能完整和完善。这种改良产品建立在原有产品被使用者认可的基础之上，主要目的是解决使用者反馈的问题。

3. 产品的联盟与合作

产品的联盟与合作是一种横向联合的过程，其通过文创产品设计和制造系统的整合达到创建新产品的目的。经济全球化必然带来企业生产和制造机制的改变，使企业效益、生产效率发生变化。

（三）流行、从众与创新

流行是在一定时期内广泛流传于社会，并受到大众热烈追捧的心理现象和社会行为。流行现象在文创产品创新研究中占有重要地位，与市场、文化等紧密相关，成了设计师灵感的来源。

流行是由多个社会成员共同崇尚和追求某一事物所形成的一种潮流，因此具有群体性特征；然而，它又是以个人的方式展现出来的社会群体心理，所以也具备个体性。流行最显著、最核心的特征是新奇性。设计师会通过创造反映时代特色的新奇元素，来满足人们的求异心理。

文创产品设计的起点在于捕捉人们的求新、求异心理。文创产品设计具有强烈的社会属性，必须适应社会的需求。流行的强大影响力和感染力会使个体在观念和行为上逐渐趋同于大多数人的行为，从而形成一致的消费趋势。这种从众心理直接导致了人们的从众消费行为。因此，设计师需要调整并引导流行，深入了解公众的求异心理和行为倾向，及时把握创新元素，并通过适当的传播手段引导公众共同创造新的流行趋势。

文创产品设计往往具有独特的情趣和审美倾向，有时甚至是诙谐的、幽默的。也许这就是文创产品设计风格的本质，它深深地打上了设计师、设计环境、设计国度和特定地域的烙印。这种特质有可能深深地打动消费者，使之在情感上做出反应。

二、隐喻与创新

“隐喻”一词出自希腊语，第一个明确谈及“隐喻”的是古希腊的亚里士多德。恩斯特·卡西尔发展了隐喻，指出隐喻包含着一种创新的意蕴，是一种意义生成过程。隐喻是一种内在真实体验的表达，文创产品设计中的隐喻穿过产品表面具象形态，直接指向其深层内涵。

心理学隐喻的存在并非偶然。精确性、客观性和明确性的逻辑思维和科技理性一直影响着心理学的发展，然而心理学不只停留在可感知的心理现象层面，隐喻与符号已是不可忽视的心理学研究对象。

在文创产品设计中，形态要素不仅显现在表面，其隐含的内在意义，也就是内涵性价值，逐渐成为文创产品所追求的精神特质。文创产品设计的过程实际上是解读和展现消费者自我形象和社会地位的过程，其往往承载着特定的社会意义及历史文化价值。显而易见，这种具有创新性的设计是对产品多角度、深层次的理解和探索，是对产品情感属性的深入解读。

隐喻是一种内在真实体验的表达，尽管这种表达不像逻辑语言般清晰明朗，但它是人类表达心声、释放灵魂、创造物质世界的根基和直接动因之一。所以，隐喻必然具有人类的属性特征——社会性。也就是说，文创产品设计在某一层面上反映了当代社会现状。

三、文化与创新

在心理学中，创新被看成一种思考过程，它是对问题情境的深入解读和阐释。这一过程离不开思维的主体——人。人的独立性在创新中扮演着关键角色，其性格、智力和意志等因素都深刻地影响着创新机制。文化是形成人性特质和决定人创造行为的重要因素之一。

文创产品设计本质上是一种文化表达，同时也是文化创新发展的体现。设计师通过文创产品设计这一创造性活动，将文化的独特性具体化、实体化。文化在文创产品设计中发挥着重要作用，它是设计师表达隐性理念的途径之一。出色的文创产品设计通常蕴含了深厚的文化精神，而民族文化和地域文化往往会成为设计师灵感的源泉。设计师的文创产品设计行为，实质上是一种创造文化的过程，文化与文创产品设计之间的关系犹如植物的根与枝叶般密不可分。优秀的文创产品设计作品在外在形式上简洁明了，但其内涵丰富多彩。

从更深层次看，文创产品设计的目的是创造一种更为健康、新颖的生活方式，是一个将抽象概念转化为具有美感的实物的过程。在这个过程中，设计师的文化背景对其设计行为有着深远的影响，直接关系设计元素的组合与构建方式。因此，文创产品设计师需要深入理解和消化特定地域的传统文化，追溯其精神内核，并将其融入设计中，在重新整合产品的基础上，注入新的形态艺术元素，以创造出更具民族精神和美感的文创设计作品。为了更准确地反映时代或引领时尚，设计师必须以传统文化为起点，清晰掌握其来龙去脉，并预测其发展趋势。民族文化为文创产品设计提供了丰富的创意元素，因此从民族文化中汲取灵感，定能为消费者带来惊喜。

四、潜意识与创新

人脑接收信息的方式分为有意识和无意识两种，两者都是心理智能活动。有意识的接收是指有知觉地接受外在刺激并获取信息，无意识的接收则是指人在无知觉的情况下对信息的获取。潜意识是隐藏在人的大脑深层的各种奇妙的心理智能活动，是人类具备但似乎忘记了的能力，换句话说，是未被开发和利用的能力。

潜意识思维主要指的是直觉思维和灵感思维。其中，灵感是一种奇妙的、具有强大创造力的心理现象，具有很大的探索和开发空间。激发灵感首先需要构建、丰富并完善自己的信息系统，积累知识和生活经验。这是灵感产生的基础。构建自己的知识体系和信息结构对设计师来说是至关重要的，这不仅涉及灵感的产生、创意的爆发，还关系到文创产品设计能力、技巧和个人品格的完善。

信息、源文化统称为“现有素材”。敏锐的观察力、执着的思索、平时关注到的元素在设计师大脑里早已进行了分解、整合、重组，成了设计师的一种潜意识。在设计师进行文创产品设计时，它们会源源不断地被激发出来，厚积薄发，成为属于设计师自己的宝贵财富。

五、时尚心理与创新

时尚与先前讨论的从众行为紧密相连，从众行为往往会催生出时尚。作为一种重要的社会心理现象，时尚与文创产品设计之间存在着异常紧密的联系。时尚可以被视为对既定模式的模仿，它满足了社会多个方面的需求；同时，时尚也给人们提供了一种普遍性规则，将个人行为转化为可供模仿的样板；并且，时尚也满足了人们对差异性、变化和个性化的追求，这使得时尚成了一个不断变化、充满创新的过程。

时尚的形成经历了两个阶段。第一个阶段是变动阶段。较高阶层或者知识资本雄厚的精英分子率先通过内容变动来拉开他们与一般大众之间的差距，这是时尚的萌芽阶段，它发生在时尚成为流行之前，如每年的时装发布会推出的最新时装，它们是最时尚的服饰，但还没有流行起来。许多精英人士都追求时尚，但他们又同时认为，凡是流行就是庸俗的，他们不屑于与别人共享同一物品，始终要引导潮流的走向，他们的乐趣在于始终与一般消费者保持不远不近，又先于他们的距离。第二个阶段是时尚形成并泛化的阶段。当时尚出现后，较低阶层或者其他向往更高阶层的人开始模仿时尚，这导致了时尚的泛化，只能流行一时而最终走向终结。

结合阶层消费等方面的理论，笔者将时尚产生的生理机制和社会心理机制归纳为以下三点：

第一，为了满足人们突破现有生活方式、社会角色的束缚，向较高阶层靠拢的需要。

第二，满足人们求变求异的心理需要。美国心理学家威廉·麦独孤在《社会心理学导论》一书中提出了本能论观点，他认为求知本能与好奇情绪都是人类的本能和基本情绪之一。

第三，满足人们从众的心理需要，即一种害怕偏离的心理和归属群体的渴望。

个体的心理因素引起了时尚的产生，而时尚本身既是影响文创产品设计的社会环境因素，又会受到社会环境的影响和制约，因此它的形成本身就是社会环境对于文创产品设计影响的体现。例如，人们渴望变化，但如何变化或者哪些变化能成为时尚却鲜有人知，这些内容都受当时整体社会环境的影响和制约。社会环境包括生产水平、经济、政治、外交、文化等多种因素。时尚的形成具有显著的时代特征，对于中国时尚影响最大的因素有以下几个：

第一，政治因素，各种外交政策、文化政策等。

第二，文化因素，电影、电视剧对于中国时尚具有非常重要的影响；此外，还有参照群体，主要是影视工作者、体育工作者等。

第三，经济因素，生产力提高，科技进步。

第四，外来文化的影响。

六、文化差异与创新

文化作为一个多维度的概念，涵盖了社会成员通过社交互动而非生物遗传所继承的一切。这包括在社会化进程中，一代代传承下来的思想、技术、行为模式、宗教仪式及社会风俗等。它是人们习得的信念、价值观和风俗习惯的总和，如同一只无形的手，虽然人们不一定能清晰地感知到它对自身心理和行为的深远影响，但它确实在潜移默化中塑造着人们的言行举止。

文化的构成多种多样，主要包括认知和信仰要素、价值观和规范、语言与符号，以及仪式。文化是社会发展和个体社会化的必然产物，它为人类社会生活提供了秩序、方向、规则和指导。

正因为文化具有复杂性、多样性和发展性特点，人们在与不同文化背景下的人交流时，会更加敏锐地察觉到文化差异。从消费者的视角来看，文化对于文创产品设计的意义在于，文创产品所涉及的物品、环境和视觉符号都承载了深厚的文化内涵。这些文化细节的差异凸显了人与人之间的不同，使得原本为人服务的物品、环境和符号成了定义个体及群体的关键要素。因此，消费者在选择产品和服务时，往往受到自身文化背景的制约，更倾向于选择与自身文化背景相符的产品或服务。

对于文创产品设计师而言，文化在产品设计中具有举足轻重的地位。设计师需面对一个多元化且复杂的消费市场，消费者因文化背景不同而拥有独特的文化偏好和禁忌。这种文化差异主要体现在消费者的审美上。尽管不同文化背景的消费者对产品性能的需求相似，但对于因文化而产生的产品特征的需求却大相径庭。文化差异在设计师进行跨文化设计（如为跨国公司设计文创产品）时显得尤为重要，如果不加重视，很可能导致重大的设计失误。

文化的差异将社会成员划分为多个小型的亚群体，即亚文化。每个亚文化的成员在种族起源、风俗习惯、行为方式等方面具有较为相似的特征。设计师通过深入研究特定亚文化群体的成员特征，可以准确地预测该群体的消费心理，这对于市场开发和新产品设计具有至关重要的意义。

设计师该如何针对不同文化背景的目标消费者进行有效的产品设计具体有以下几种方法：

①防止以自我为中心的评价标准。

②在文创产品设计的初始阶段进行充分的文化调研。

③需要认知、理解、接受并尊重不同文化的差异，特别是对于对方文化中的禁忌，应谨慎处理。

④不应强行将一种文化植入另一种文化中，但可以巧妙进行文化移情。

第二节　文创产品设计的创意思维

创意思维即人们那些富有创造性的想法。在文创产品设计过程中，设计师的创意思维扮演着至关重要的角色。设计师通过提炼和再创作文化，结合目标消费人群的价值取向，将文化符号与实用产品融为一体，旨在满足人们的物质和精神需求，从而创造出深受市场欢迎和消费者喜爱的产品。通常，创意思维可分为用户思维和产品思维。设计师需要合理运用各种设计手法，将这两种思维融入文创产品设计中。然而，目前市场上许多文创产品缺乏真正的创意思维，未能从大众生活出发，导致这样的产品难以融入人们的日常生活，难以受到大众的喜爱。文创产品本身就是设计师创意能力的体现。接下来，笔者通过对创意思维的深入分析，探讨如何在文创产品设计中有效运用创意思维，以提升产品的创意水平和市场竞争力。

一、创意思维的创新途径

（一）设计思维模型的创新

除了满足功能性和美观性的基本设计需求，文创产品设计更注重对文化精神内涵和情感的表达，以及为用户带来独特体验和情感共鸣。在文创产品的设计过程中，采用能够诠释文化内涵并激发创意思维的设计方法尤为重要。笔者以文创产品设计为研究核心，提出了运用设计思维模型进行思维创意的方法，同时结合完形心理学的整体性原则，利用设计推导与收敛技巧，以凸显文创产品所蕴含的文化性，从而为用户带来更加丰富和深刻的文化体验。

1. 设计思维模型

从文创产品设计的层次结构来看，外层象征着有形实体，中层代表着行为习俗，而内层则体现了意识形态。设计师通过设计文化内涵的传达方式和解读用户需求，创造出独特的产品，从而拓展文创产品的实用价值、内在附加价值和文化价值。这恰恰是文创产品设计中最为珍贵的部分。设计思维的发散始于设计师脑海中闪现的灵感，展示了设计师的精神世界。设计思维模型作为一种直观的表达形式，体现了设计师的思维过程，有助于他们从多个角度发挥创意，提升文创产品的层次。

文创产品设计是一项复杂的创新活动，它涉及设计师的思维模式、设计进程、设计策略的交互、推理、搜索等。文创产品的文化价值受到设计师思维模式、设计进程组织习惯和设计策略偏好的深刻影响。在设计思维模型中，“分析—综合—评估”被认为是一种常见的模式。

分析阶段需要对设计对象的信息进行整理和结构化，对可用信息进行分类，并探索各种可能的关系。分析过程旨在认知设计对象的本质。在发散思维的引导下，设计师可能会将设计任务的关注点横向扩展至多个方面，或者从一个设计概念跳跃至另一个，以实现创意空间的延伸，从而创造出更多的具有原创性和可发展性的设计概念。随着对设计概念可行性的评估，设计师可能会对某一概念进行深入解读，并结合不同的设计关注点进行逻辑分析，进而形成较为成熟的设计构思。

综合阶段会将分析阶段梳理出的关系进行进一步的考察和联结，并尝试为设计问题提出可行的解决方案。在综合阶段，设计师的思维逐渐收敛，设计关注点会从多个方面汇聚，进而融合成一个或多个可行的方案，这类方案可用来评估设计想法的有效性并将其转化为具体的结构。这个阶段最容易激发创造性概念和方案的产生。

评估阶段要对设计师提出的方案的优劣进行判断，要注意评估方案与设计目标的一致性和可行性。在评估过程中，发散思维和收敛思维同时存在于设计师的思维过程中，用于评估备选概念的可行性。

设计思维贯穿于分析—综合—评估的整个设计过程。设计师从分析问题开始对方案进行设计与评估，通过不断的循环转换将设计概念转化为具体实现。

2. 符号学与完形心理学

文创产品设计始于人们对事物的感知与体验，这种内心的触动会在设计师的脑海中形成具体的外观。设计师不仅要将他们对世界的独特感悟创造性地表达出来，还要将这种情感体验融入产品中，使其能够被用户所感知、理解和共享。在文创产品中，文化元素的呈现应具备故事性，以便于用户能更好地理解产品所传达的信息。

从符号学的角度看，那些显性的文化知识可以被视为文本。文本在知识的转移、转译和转化中扮演着重要角色，同时也是展现和传递文化的重要媒介。狭义的文本通常指的是诗歌、散文、小说等与人类语言结构密切相关的文学作品；而广义的文本则涵盖了绘画、音乐、影视、摄影等更广泛的艺术形式。文本具有自身的逻辑结构和脉络，不同的文本之间可以相互交织，进而形成新的层次关系。因此，在文创产品的设计中，设计师可以将不同类型的文本作为创意元素，通过交互与激发，展现出多维度的思维延伸，使设计出来的产品充满无限可能。

完形心理学揭示了人类视觉刺激与意识之间的关系，其包含文创产品设计中提到的层次完形法。通过图像的偏好和不同类型的刺激，人们形成了对事物的认知。完形既体现在事物形状、形式等物理属性上，也体现在其完整与否的心理概念上。不同的刺激源相互交织产生的脉络关系引发了人们丰富的联想，从而促使设计概念形成和故事情境构建，最终衍生出多样化的产品设计方案。完形心理学的树形结构如图 5-2-1 所示，展示了完形元素如何在不同层次间进行联想和收敛。设计师的选取原则和文本感知力对完形的形成具有重要影响。由层次 1 的 X_1、X_2 进行联想，衍生至层次 2 的 Y_1 元素，连接成为设计脉络，以此方式向上联想收敛至 W_1。通过不断地联想和收敛，设计师的思维得以不断创新，从而推动了设计方案的完善和发展。

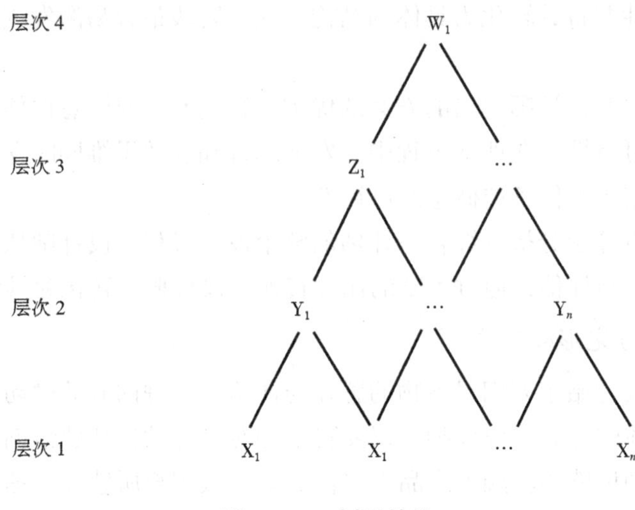

图 5-2-1　树形结构

3. 从设计思维模型到层次完形法的设计过程

设计思维模型与层次完形法涵盖分析、综合与评估三个阶段，设计师可通过这三个阶段实现创意思维的创新。在分析阶段，设计师主要依赖头脑来发散思维，随后收敛思维，以构建设计思维模型。综合阶段则依托层次完形法来拓展思维并形成创意树。设计师在评估阶段以创意树为基础进行逻辑分析与筛选，将元素故事化，然后将其转化为设计思维，最终呈现产品。

（1）分析阶段

设计概念在此阶段中经历产生、初步发展和初步评估这一过程，设计师要在此过程中保留有价值的概念，并剔除不适合的方案。传统的头脑风暴法可能受限于某些人的思路，因此可以采用头脑写作这一变异方法。成员默写想法并相互传阅，这不仅能避免传统头脑风暴过程中出现的问题，还能增强团队成员间的合作与互动。经过头脑写作后，团队需要将创意归类和筛选，并用逻辑关系对其进行梳理，构建设计思维模型。

（2）综合阶段

通过提出类似方案这种手段，设计师可逐步具体化和优化设计方案，使方案逐渐完善。在文本的本体、完形的脉络关系架构上，设计师可形成层次完形思维模式，并将文本和图形信息作为完形元素进行联想、拓展和发散。选择元素时，设计师应注重其联想性，将情感共鸣强的元素置于树形结构的中心，具象与抽象元素相间排列，易联想的元素相邻排列。

（3）评估阶段

通过逻辑分析与优选，设计师可提供最优的可持续发展方案群。在评估阶段，设计师需要从树形图中梳理故事线，以顶部最有可能实现的元素为起点，引出涵盖的层次完形元素，发展故事线。剔除冲突元素后，设计师可筛选出符合设计主题的最佳层次完形概念。将层次完形元素图形化处理，使其成为视觉化设计元素，完成造型语义，并融合整体造型与创作意象。基于此，团队成员间的思想碰撞因个人经验、文化内涵和知识背景的差异变得更加激烈，创作方向也会变得更加多元。故事化的处理方式丰富了设计表达途径和方案，设计师需要从设计可实现性的角度审视元素的合理性，完善树形图中的“树干”“树枝”和“树叶”，最终完成产品设计。

（二）传统文化的探索创新

传统文化是现代文创产品的重要组成部分，设计师在创新创意思维时可汲取传统文化的精髓。传承优秀的传统文化固然重要，但如何巧妙地运用这些传统文化，打造出独具魅力的文创产品，是设计师需要深思的问题。当前，设计师应当塑造出鲜活、鲜明且充满时代感的产品形象，这样才能吸引更多消费者的关注和认可。

简单地将传统元素生搬硬套在产品上，如将中国传统山水画直接印在文具或书包上，或是随意给产品编造一个不伦不类的故事，这些都不能算作真正的文创。真正的文创是指设计师通过巧思，将文化与产品有机结合起来，进而创造出富有创意和故事性的产品的过程。这样的文创产品才能吸引人们的目光，赢得市场的青睐。

在文创产品设计过程中，设计师需要明确哪些元素值得传承、哪些部分可以创新，以及哪些内容更适合市场载体。以近年来备受瞩目的文创产品——台北故宫博物院的小乾隆为例，它运用了拟人化的手法，巧妙地将茶壶与乾隆形象结合，并融合传统色釉工艺和特色纹样图案，给人留下深刻印象。这款产品的成功之处在于它巧妙地借用了广为人知的乾隆皇帝的形象，并对其进行了创新设计，融入了清代传统艺术元素。

另外，南京创意手工皂也为人们提供了文创产品设计参考。它将传统文化与现代肥皂相结合，通过雕刻工艺在手工皂上呈现了南京城的精致面貌。这套名为“皂访南京”的文创产品共有十组，每组手工皂都承载着一段独特的南京故事。设计师运用传统文化元素，以肥皂为载体，讲述了动人的南京故事，既展现了产品的艺术性，又保留了产品的实用价值。

（三）文创产品形式的创新

科技的日新月异让文创产品得以摆脱传统样式的束缚，展现出了更加丰富多样的形式。设计师凭借创新思维，结合当代先进的科技手段，赋予了文创产品全新的形态和功能，实现了古为今用。他们通过对不同物品进行解构与重组，创造出了多种艺术元素，再将这些元素进行巧妙排列。最终，这些精心设计的文创产品不仅独具特色，还具备实用性和艺术性。

以杯子音响为例，这一设计巧妙地将现代科技与日常生活用品相结合，通过蓝牙技术，杯子不再仅仅是喝水的工具，还能摇身一变成为音响，播放美妙的音乐。这种设计不仅打破了传统音响的造型限制，还赋予了音响更多可能性。同时，杯子的材质和大小还会影响音响的音质，为用户带来不同的听觉体验。这正是设计师的创意与现代科技完美结合的体现。

（四）以用户为中心

文创产品的设计应以用户为中心，这意味着设计师需深入了解并满足用户的需求。不同的用户群体拥有独特的文化内涵、生活习惯和审美偏好，因此，设计师在创作时需紧密结合用户的真实需求，进行有针对性的思维创新。只有如此，才能打造出既实用又美观的文创产品，这些产品不仅符合用户期待，也能在市场中展现自身商业价值。然而，许多文创产品过于追求艺术性而牺牲了实用性，或反之，这都是未能从用户角度出发进行设计的结果。文创产品与普通产品的一大区别在于其对文化的传承与创新，但这并不意味着可以忽视用户的实际需求。

以中国台湾地区的阿原肥皂为例，它没有华丽的包装和独特技术，却赢得了用户的信赖。这是因为阿原肥皂始终将用户需求放在首位，注重产品品质。该品牌坚持使用纯正原材料，避免工业水，确保产品纯天然且对环境无害。这种对用户、自然环境和社会环境的关怀，以及朴质的创意和美学设计，使阿原肥皂成了受欢迎的文创产品，成功占领了消费市场。

（五）互动式体验设计

现代文创设计正逐渐倾向于互动式体验设计，这种设计思维旨在强化消费者与文创产品之间的交流与联系。当消费者想要亲身融入产品，深入体验其性能，并感受文创产品所蕴含的文化内涵时，这种互动体验设计便可发挥作用。设计师运用创新思维，为产品增添互动性，使得消费者在互动过程中能够深刻体验产品的文化特质，从而彰显其文化价值。这种互动不仅给消费者带来了视觉上的享受，还进一步触发了他们的知觉和触觉，增强了消费者与产品的联系，从而激发了消费者的购买欲望。

以“阴晴圆缺”茶具为例，其独特之处在于陶瓷茶杯的设计，每个茶杯底部都有一个缓坡状的凸起，当茶水倒入杯中时，会因茶量的不同而在杯底形成各异的形态，宛如月亮的盈亏变化。消费者在品茶的同时，也能感受到这种阴晴圆缺的韵律，这种设计虽然看似简单，却巧妙地引发了消费者与产品之间的情感共鸣。

此外，还有一个值得一提的例子是荷兰家居品牌“SNURK”。设计师在孩子使用的床上用品上印上了可爱而奇幻的图案，如宇航员等。当孩子们盖上这些被子时，仿佛化身为宇航员，翱翔于太空之中，也仿佛置身于梦幻般的童话世界。该品牌通过互动式的设计，使得普通的被子成了孩子的伙伴，为他们带来了无尽的想象空间。

二、创意思维方法

（一）情境整合法

文创产品的设计过程既是一个为文化寻找合适存在形式的过程，也是一个将文化进行有效传承的过程。情境整合是文创产品设计中出现的全新设计理念，其更加符合文创产品的特殊性设计需求，也更加能够体现以用户为中心的设计原则。通过对情境的分解与整合，设计师可以更准确地把握文创产品在消费者心中的位置，让消费者在使用产品时更好地去感受和接受文化，从而实现文化的交流与传承。

1. 文创产品的情境

（1）文创产品的情境空间

在文创产品设计领域，存在着三大核心情境：产品本身、消费者及其所处的环境。这三大情境相互交织，共同构建了一个丰富而多维的文创生态环境。

首先，谈到产品本身，它不仅仅是一个现实中存在的物体，更是文化和情感的载体。硬件载体作为产品的物质基础，是产品设计需要考虑的一个方面，但更重要的是产品所蕴含的文化内涵，这是其灵魂所在，也是文创产品区别于普通产品的关键。消费者是文创产品情境的重要组成部分，他们不仅是产品的使用者，更是情感的传递者和文化的传承者。在使用产品的过程中，消费者会不自觉地与其产生情感共鸣并主动进行文化传承，这些情感的交流和文化的传承，进一步丰富了文创产品的内涵，这一点尤为重要，不应被轻视。

其次，文创产品所在的情境空间是人的世界，也就是消费者所处的真实环境。这个环境涵盖了现今人们的生活形态、消费观、思维定式、价值判断、文化归属等诸多方面。这些因素既源于人，同时又对人的行为产生了深远影响。每个人都在其生活的真实环境中接受文化熏陶。这个情境空间是活跃的，展现了人们内心深处不同的精神向往。

最后，情境空间还包括消费者在使用文创产品时所处的环境。对设计师来说，这类情境空间相对难以捉摸，因为它既动态又多变。即使是同一款产品，不同的消费者也可能会产生千差万别的情感体验。并且，这种情境空间对于文创产品设计至关重要。成功的设计能够激活消费者的情感体验，实现消费者与产品情境之间的精神交互和共鸣。尽管这类情境空间难以捉摸，但并非无法掌握。人们对文化元素的体验与反应往往遵循一定规律，既受现实环境的影响，也受产品本身的影响。因此，设计师在设计过程中应当合理整合这些情境因素，以获得最佳的设计效果。

（2）文创产品的情境分解

在文创产品设计中，分解是整合的关键前提。只有对各个不同的情境进行深入的理解和分析，设计师才能将这些情境有效地整合在一起。与常规产品相比，文创产品所面临的情境更为复杂多变。设计师在设计时要兼顾产品本身的情境，和附于产品之上的文化情境，尤为重要的是要把产品和消费者的互动关系作为考虑的重点。面对如此复杂的情境，设计师的首要任务是对这些情境进行分类，而分类的目的是更好地理解和把握每个情境的特点。在明确区分不同情境类别的基础上，设计师可以重新构建这些情境，然后将产品设置于多种情境中实施评估，而评估的目的是了解产品在不同情境下的表现。综合分析评估结果后，人们就可以得出产品在不同情境下的优缺点。根据这些评估结果，设计师就可以对产品的情境进行最终的整合，从而确定产品的最佳目标消费群体。

2. 文创产品设计过程中情境整合法的应用原理

（1）设计的可整合性

整合的目标在于创新，它要求人们将原本独立的两个或多个元素，通过某种方式巧妙地结合成一个全新的、有机的整体。这个新整体不仅会保留原有各个元素的特点和属性，还有可能在此基础上产生前所未有的功能和特性，实现前者，人们可能只需要进行简单的物理性组合，但要达成后者，人们就必须深入探索和应用整合的理论，使这些元素之间能够产生出某种“化合反应”。情境整合法是建立在设计的可整合性基础之上的。设计师在着手进行不同情境的整合之前，首先要分析这些情境之间是否具备整合的可能性，也就是它们之间是否存在某种内在的关联性。其次，从预期的整合效果出发，设计师需要思考整合后的产品整体是否具备明确的界限和功能亮点。最后，根据实际的操作环境，设计师还需要考虑在情境整合过程中如何选择最合适的界面。对于文创产品设计而言，设计师尤其需要关注产品的实用功能与附加其上的文化之间的关联性。这种关联性不仅要合理，还必须能够被消费者所感知和接受。整合后的产品在物理形态上应当有清晰的边界，还要在功能上满足消费者的实际需求，而文化则能触动消费者的内心，引发他们的情感共鸣。只有当这两者完美结合，才能让消费者产生深刻的心理认同。

（2）空间整合理论

本书讨论的“空间”并非指物理学或数学中的空间概念，而是一个在人际交往和思想交流中形成的共享区域，用于暂时存储和交流思维成果。当个体接触到新事物或新理念时，会自然而然地产生思维活动，形成特定的思维结果。这些结果并不会马上融入个体的长期思维体系和价值观中，而是会暂时存放在这个特定的思维“空间”里。当消费者接触文创产品时，他们的大脑同样会经历这样的思维过程。由于文创产品通常蕴含着丰富的文化内涵，这些文化内涵会触发消费者内心深处已有的文化认知体系，形成某种呼应。在消费者的思维“空间”中，文创产品的创意元素与消费者的内心回应相互作用，形成了一种独特的组合。消费者会不自觉地完善这种组合，使其更符合自己的思维和认知模式，从而更容易被接受。这一过程的深入程度直接影响了消费者对文创产品的接受度和认可度。当消费者更深入地理解和体验文创产品所传达的文化内涵时，他们的购买欲望也会相应增强。在这一思维得到完善后，消费者可能会因文创产品的启发而进一步拓展自己的思维，从而获得更深层次的精神享受。

3. 文创产品设计过程中情境整合法的具体应用

（1）情境信息调研与抽取

在设计文创产品时，设计师对产品文化情境和消费者现代生活情境的理解是至关重要的。设计师需要通过深入调研，明确目标消费群体的文化需求，进而以产品为核心，抽取出相关联的情境信息。这些信息不仅为产品设计的最终解决方案提供了依据，还是构成文创产品新情境的基础。在获取了这些情境信息后，设计师就可以运用空间整合理论，对它们进行多种形式的组合。在这个过程中，设计师通过融入新的信息要素，可以使情境更加丰富多彩。通过这样的方式，设计师能够创造出既符合消费者文化需求，又具有独特创意的文创产品。

（2）诞生文化创意

在文创产品的世界里，创意是无可替代的。一个成功的文创产品，其新颖性和吸引力是判断其成功与否的核心标准。设计师运用心理层面和空间层面的技巧可以对情境元素进行重新整合、深度拓展与升华，以找到最具魅力的创意构思。在这个过程中，设计师不断地对创意方案进行推敲和优化，借助多种思维方式，直到打磨出最终的文化创意。形象思维使他们能够将创意以富有艺术感的方式表达出来；转换思维则帮助他们对文创产品进行新的定位，赋予其新的生命力；而联想思维则进一步拓宽了其创意的边界，让设计师的思维更加开阔，同时也增强了文化创意的深度和感染力。这些思维方式共同构成了文创产品的创意核心，使每一件作品都充满独特的魅力。

（3）建构情境整合空间

情境整合空间，简而言之，就是模拟文创产品在实际使用中的场景。设计师在构建这一空间时，需要依据空间整合理论和设计可整合性原则，进行大胆的假设和细致的论证。在此之前，他们已完成情境分解和要素抽取等工作，对文创产品的核心要素有了深入了解。在情境整合空间的构建过程中，设计师的遐想会更具现实意义，同时他们也需要换位思考，从消费者的角度出发，审视文创产品在实际场景中的应用表现。在这一过程中，设计师常采用X型整合原则，即将不同情境进行交叉组合。他们基于消费者的文化背景、社会审美，以及产品功能和使用空间等因素，设计多种模拟选项，并通过功能和审美约束进行筛选和优化，最终呈现出最优的整合结果。值得注意的是，文化创意能否与消费者产生共鸣并获得文化认同，与社会环境的变化密切相关。尽管设计师可以在情境整合空间中创造出他们认为最佳的创意，但无法确保这些创意一定能被市场接受。然而，每一次的尝试都是设计师经验的积累和对文化创意过程的深入理解。优秀的设计师往往是通过不断尝试和积累经验而逐渐成长起来的。当设计师具备足够的经验和情境整合空间构建能力时，他们的设计成果会更有可能成为最符合消费者实际需求的文创产品。

（二）逆向思维法

运用逆向思维，寻求不同寻常的策略。在文创产品设计中，设计师可通过转变思维方式、调整观察角度及逆向审视缺陷的方式，挖掘出产品隐藏在平凡之中的非凡之处。例如，设计师敢于突破传统的局限，开辟博物馆文创产品设计的新道路，使博物馆文创产品以不同以往的全新面貌呈现在公众面前。

1. 逆向思维概述

（1）逆向思维的定义

在面对常见的问题和挑战时，人们往往会依赖正向思维，即以现有的需求和常规方式为导向来寻求解决方案。然而，这种思维方式可能会限制人们的视野和创新能力。相比之下，逆向思维是一种独特而有效的思维方式，它鼓励人们跳出常规的思维框架，从对立面去思考问题。逆向思维的运用并不是简单地反转研究事物的方向或过程，而是从矛盾对立的两个方面中寻找新的解决方案。通过抓住矛盾的对立面，设计师可以从中发现隐藏的机会和可能性，进而开发出独特的产品。这种思维方式不仅开拓了设计师的思维空间，还为设计带来了多种可能性。

（2）逆向思维的特点

逆向思维作为一种独特的思考方式，拥有三大特点，这使其在众多思维方法中脱颖而出。

①普遍性。无论面对的是哪个领域的哪种事物，逆向思维都可以发挥作用。这是因为逆向思维基于对立统一的原则，这一原则在自然界和人类社会中无处不在。然而，人们往往受惯性思维的束缚，容易忽视逆向思维的运用，导致错过了许多潜在的解决方案。

②批判性。与正向思维相比，逆向思维不仅利用现有的思维框架来解决问题，还勇于质疑惯性思维。这种批判性思维使人们能够摆脱传统观念的束缚，从全新的角度思考问题，从而找到更具创新性的解决方案。

③新颖性。正向思维虽然能够分析出正确的规律，但长期使用容易将人们的思维固化，导致提出的解决方案缺乏新颖性。而逆向思维则能够弥补正向思维的这一局限，使人们跳出常规的思维框架，发现与众不同的解决方案，从而设计出创新的产品。

2. 逆向思维对博物馆文创产品设计的意义

（1）转变固有模式，突破思维局限

博物馆文创产品如今面临着一个显著的问题：高度的重复性。尽管市场上不乏一些新鲜有趣的产品，但大多数文创产品要么在品类上相似，要么在设计上趋近，这种现象也已经导致公众审美疲劳，亟待解决。若继续沿用传统的设计思维模式，不仅会使设计方案逐渐减少，还可能使博物馆文创产品失去活力，进而使得广大消费者的购买欲持续降低。这种趋势对博物馆的文化传播构成了威胁。因此，设计师必须打破思维定式，不能墨守成规，通过引入新的思考方式和设计理念，给博物馆文创产品注入新的活力和生机。这不仅有助于增加博物馆文创产品的市场竞争力，还能提高博物馆的文化魅力。

（2）摆脱惯性思维，助推文化传播

文创产品要吸引消费者，创意是关键。而逆向思维作为一种独特且有效的思维方式，能够为设计师提供全新的视角和灵感，使其摆脱惯性思维的束缚，从而在设计中进行真正的创新。当消费者面对这样耳目一新的文创产品时，他们的购买兴趣自然会被激发，而这种购买兴趣不仅会带来经济效益，更重要的是，它还有利于文化的广泛传播和普及。

3. 逆向思维在博物馆文创产品设计中的应用法则

在设计的世界里，绝对的规则和固定的价值尺度是不存在的，因此设计师拥有无尽的探索和创新空间。逆向思维鼓励设计师摆脱这些所谓的标准，从而以全新的视角去审视博物馆文创产品，尽可能发现产品那些可能被忽略的特质和细节。通过逆向思维，设计师可以尝试不同的设计方法和风格，创造出独特且富有创意的博物馆文创产品。

（1）思维反转，出人意料

逆向思维是一种独特的思考方式，它鼓励人们关注事物的对立面，并从那里开始思考和创新。这种思维方式往往能够打破常规，颠覆人们的既定观念，创造出令人惊喜的结果。在博物馆文创产品设计领域，这种思维方式的应用显得尤为重要。传统的博物馆文创产品设计通常倾向于等比例复制文物，以尽可能地还原文物的原始形象。应用这种设计模式的目的在于确保文物形象的完整性和准确性，从而有利于博物馆文化的传播。然而，长时间采用这种“原封不动”的设计方法，可能会使文创产品设计同质化，失去其应有的活力和创新性。为了解决这个问题，人们可以尝试将逆向思维引入文创产品设计中。一种方式是直接简化文物的造型语言，提炼文物的核心元素。设计师可以运用简约而富有表现力的线条和形状，创造出一种既具有文物特征又简洁易懂的设计语言。另一种方式是采用间接隐藏文物部分造型的方法。以重庆中国三峡博物馆的馆藏文物战国青铜鸟形尊文创产品为例，设计师把它设计成了一款新颖的摆件。在这个摆件中，鸟形尊被巧妙地隐藏在沙子之中，只露出部分造型。消费者通过摇晃摆件，使得文物的全貌逐渐显露出来，这种体验类似发掘文物，能给人以惊喜感。这种设计方式不仅增加了产品的趣味性，也鼓励消费者与文物进行互动，从而更深入地了解文物的历史和文化内涵。此外，采用集腋成裘的手法，从细节出发逐步展示博物馆的文化内涵，这也是一种逆向思维方式，旨在逐渐保证文物的完整性。以畅销文创产品《故宫日历》为例，其设计理念独具匠心。该产品巧妙地将文物知识与人们的日常生活相结合，通过每天的点滴积累，使消费者在不知不觉中沉浸于故宫文化的情景中。这种潜移默化的方式，不仅加深了消费者对文物的了解，更激发了他们对知识的渴求。

在设计环节运用逆向思维，并掌握好设计的分寸，设计师往往能够设计出意想不到的产品。产品的形式并非一成不变的，它有时会以不完整的形式出现，而这并不会妨碍产品信息的传递，反而能够激发消费者的主观能动性，促使他们更加积极地探寻产品所展现的风貌及其背后的文化价值。这种策略性的不完整，其实是一种更高层次的信息传递方式，它鼓励消费者参与解读，从而深化消费者对产品及其文化价值的理解。

（2）角度转换，另辟蹊径

转换型逆向思维，亦称转换性思维，是指在面临无法通过常规方式解决的矛盾时，通过调整思考的视角，寻找替代性解决方案的思维策略。当某一思维使用受阻时，灵活转变审视问题的角度，常常能够启发人们发掘常规思维所忽略的创新点，从而摆脱困境。

首先，需要转变博物馆文物的展示方式。通常情况下，博物馆只会简单地将文物排列展示，给人古板的感觉，并且文物和消费者几乎不产生联动，消费者在参观过程中会逐渐感到枯燥无味。如果要吸引更多的消费者，就需要打破这种模式，注入新的活力。这并不意味着要完全改变博物馆的职能，而是要在保护文物的同时，增加消费者的参与感和体验感。随着科技的不断进步，现代博物馆在建设和展示方面也与时俱进，表现方式更加多元化。这为设计师提供了更多的设计可能性，他们可以在文创产品设计中运用这些创新元素，使博物馆变得更加有趣和生动，增加消费者的参与度。这种革新可以避免文创产品过于高雅或难以理解。

曾亮相于公众视野的“萌萌哒”故宫系列文创产品，可谓是重塑博物馆文创产品风格的一种探索。一直以来，故宫在人们的心目中的形象都是庄重而威严的，而文创产品所展现的“萌态可掬”却与其风格形成了鲜明的对比。这种对比不仅为消费者带来了视觉上的惊喜，也赢得了众多年轻人的喜爱和追捧。这种风格的转变，以贴近大众的姿态传递着博物馆的文化内涵，无疑是消费者所喜闻乐见的。

博物馆文创产品作为博物馆文化的物质载体，若仅仅依赖消费者的自主选择，往往难以在第一时间引发其情感共鸣。这种被动性使得消费者难以迅速与文创产品建立深厚的情感联系。因此，运用逆向思维，实现角色的巧妙转换，让消费者从单一的参观者身份转变为积极的参与者，才能让他们从被动接收转变为主动体验，从而点燃他们与文创产品之间的情感火花。

无论是风格的转变还是角色的更迭，都为设计师丰富文创产品的设计形式提供了全新的视角和启示。当广大民众对博物馆产生亲近感时，文创产品的创新意境就会优化博物馆文化内涵的传播效果，形成良性的互动循环，提升博物馆经济效益。这种创新的文化传播方式，不仅让博物馆文化更加深入人心，也为文创产业的发展注入了活力。

（3）缺点逆向，化弊为利

在解决问题的过程中，人们通常倾向于选择并使用优势，追求完美的解决方案。然而，有时候，将视角转向事物的不足之处，运用逆向思维，人们才能够发现隐藏在缺点背后的价值，将劣势转化为优势，实现意想不到的效果。

苏州博物馆的文创产品紫藤的种子，即吴中才子文徵明亲手种植的紫藤的后代，为上述理论提供了一个绝佳的范例。这株被誉为“苏州三绝”之一的植物，至今仍在苏州博物馆中繁茂生长。若仅从正向思维出发，这株紫藤的生长周期受限于季节的变换，其文创开发的潜力似乎相当有限，难以实现大量的供给。然而，设计师却巧妙地利用了这一所谓的“缺点”，把握住了紫藤种子限时限量的特性，以此为设计的出发点，将“物以稀为贵”的理念融入其中，成功引发了消费者的好奇心与珍视之情。当消费者手握这粒种子时，仿佛能够忽略时空的界限，亲身感受文徵明延续百年的诗画情怀。这个例子充分展示了逆向思维在文创产品设计中的重要性。在设计过程中，只要设计师能灵活地运用逆向思维，将看似不利的因素转化为创意的源泉，就能够出其不意的获得高品质的设计效果。这个案例不仅仅是对紫藤种子文化内涵的重新诠释，更是对文创产品设计思路的一种全新启示。

（三）意象创意性方法

文创产品设计中的意象创意性方法要始终以文化元素为出发点，寻找具有共同指向性的意象出发点，突出情感在审美活动中的主导地位。

1. 直接再现增加趣味

在文创产品设计过程中，因为将具有文化性的物质作为创意源泉，所以有一种类型的文创产品设计方法直接将物质文化的“象”输出为产品的“象”，在这种直接性的“复制”过程中，设计师需要对文化元素有敏锐的洞察力，在万千元素中将合适的元素挑选出来，通过合理的设计方法使其与产品结合，使产品不落俗套。直接再现并不是少了创作主体的“意”，其能体现出主体对文化情感的理解。直接再现将文化载体的物质形态在另一个产品载体上表达了出来，有利于增加产品的趣味性和视觉冲击力，能满足消费者对产品的情感诉求。

2. 间接创造丰富内涵

文创产品设计中的意象创意性方法除直接再现，还有根据文化特点进行的间接创造。在此方法中，设计师可以通过元素提取、融合嫁接等主要手法进行创意表现。间接创造的方法一定程度上降低了以文化为载体的设计对象的辨识度，其以视觉语言和形式法则进行创意表达，进一步增加了产品的神秘感和视觉美感，从而丰富了产品内涵。

（1）元素提取

从文化素材中提取的设计元素既可以是文化素材可视的外形、色彩、线条、肌理等，也可以是文化素材不可忽视的概念、思想等，总之眼睛可以捕捉到的、心理可以体会到的都可以提取。当然，不同的设计师切入点不同，所提取的元素也会有所不同，这与个人的审美、情感、价值观及对设计的认知有关。通过对元素的加工、变形或拓展，这些元素可形成具有创新性的形态或图形，与原来元素既有相同之处又存在一些差异，能产生新颖的视觉效果。

（2）融合嫁接

嫁接是植物人工繁殖的方法之一，就是把一种植物的根或茎切个小口然后把另一种植物的枝芽放进小口中捆绑，一段时间后会长成完整的植株。在文创产品设计中，设计师也可以找到某个文化素材与产品特质相似的“小口”，通过这个“小口”建立连接，使两者“长成”一个新的、完整和谐的个体。这个个体是设计师思想与文化主体的统一，增加了文创产品的独特性，丰富了文创产品内涵和意趣，拓宽了文化传播渠道，使传统文化深入人心。

三、创意思维的基本模式与思维拓展的基本手段

（一）创意思维的基本模式

1. 发散性思维

发散思维，亦称求异思维，是一种将问题的焦点从单一的“点”拓展至广阔

的“面”的思维模式。它鼓励人们围绕一个核心问题，从多个方向、不同角度进行全面而深入的探索，寻求多元化的解决方案。这种思维方式的显著特点在于，它设定了明确的条件，但并未对最终的结果进行限制。这意味着，在发散思维的指导下，人们可以充分发挥想象力，产生尽可能多的思考点或创意点。这些“点”越多，思维之间的碰撞越激烈，实现文创产品设计目标的可能性就越大。发散思维是文创产品设计的基本思维，设计师通常运用类比联想的手段，根据事物在某些特征上的相似，从而推断出其他特征的关系。在文创产品设计过程中，发散性思维被视作带领产品向更深层次和更广泛领域发展的关键推动力，它是文创产品设计理念中不可或缺的重要组成部分。

发散性思维的核心在于突破思维的局限，摆脱固有的思考模式，借助实物之间的关联、天马行空的想象等手段，全方位、多角度、多层次、灵活且迅速地拓展思路，进而激发创意的火花，产生丰富多样的解决方案。

发散性思维是创造思维的基本模式，它要求设计师充分发挥想象力，突破原有的知识圈，从一个点向四面八方延伸，使自身处于一种积极主动的探索状态。

2. 聚敛性思维

与发散性思维相反，聚敛性思维就是调动各方面的元素，指向问题的核心。在以图形为主的文创产品设计中，聚敛性思维最直接的表现就是将各种信息元素巧妙地组合起来，构成一个耐人寻味的全新视觉形态。

聚敛性思维是针对要研究的客观对象，把分散的客观事物及一切可以利用的资源、信息组织汇总起来，按照特定路线轨迹展开设计的过程。聚敛性思维是对信息进行判断和选择，把问题由面引到点，针对问题探求一个正确答案的思维方式，又称复合思维和求同思维、汇合思维。发散思维所产生的各种设想是聚敛性思维的基础，聚敛性思维的最终目的就是要通过各种手段让人接受产品表达的信息，选择合适的文化符号去传达该产品信息，把各种图形设计方案都集中在一起，以探寻最好的结果。

3. 独创性思维

在艺术领域，创新是艺术家进行艺术创作的核心驱动力。可以说，艺术的魅力很大程度上源于其独特的个性。如果一个艺术作品缺乏个性，它就可能会过于平庸，失去吸引力。个性表现在艺术中扮演着至关重要的角色，它是艺术生命的源泉。艺术创作的审美需求指人们对每一个艺术作品都会有自己独特的感受和理解，每个人的审美感悟都是独一无二的，这种独特性正是艺术作品的魅力所在。

在文创产品设计过程中，设计师常常需要接触和感知各种事物。当他们的眼睛看到、耳朵听到、双手触摸到某样事物时，他们的内心便开始了一场思维的旅程。这场旅程鼓励他们敢于挑战传统，勇于提出问题，并努力寻找那些与众不同的观点和思路。这种独创性思维并不会遵循既定的框架或模式，它更倾向于追求新颖、独特的问题结构。设计师可通过避免陈词滥调、选择与众不同的路径来将自己的思维转化为可视化的产品。这些产品不仅富有新意，而且充满了个性和创意，能为人们带来全新的审美体验。

4. 连动性思维

连动性创意思维是一种强大的思考工具，能够引领人们穿越已知的思维边界，探索未知的领域，进一步拓展人们的思维空间。其展现形式包括纵向连动、横向连动和逆向连动。纵向连动是一种剖析程度较深的思考方式，指对某一现象或问题进行深入的探索，挖掘其本质，从而得到新的启示和灵感。横向连动则是一种联想性的思考方式，当一个现象或事物体现出某种特征时，设计师要将其与跟其有相似特征的事物或者现象相关联，继而开发出该现象或者事物的创新应用方式。这种思考方式有助于人们打破思维定式，发现事物之间的内在联系，为创意的产生提供更多思路。逆向连动则是一种反向思考的方式，指面对事物或者问题时，应从反面或者对立面进行思考，开辟新的思考角度。在创意过程中，人们利用连动性思维进行思考时的表现为“由此及彼”“举一反三”“触类旁通”，其会在元素与主题之间创造一种内在的必然联系，从不同层面、不同领域进行思考，将各种元素加以综合运用，分析问题，开拓思路，使主题与元素发生相应的转移。连动性思维可以将无形的理念和心理状态转化为一种具体的视觉形象，也可以通过连动思维将具体的创意元素转化为抽象的、概念性的创意理念。连动性思维是现代文创产品设计中常见的手法，特别是在互联网技术不断发展的今天。情节化、一环扣一环、举一反三、触类旁通、从二维到三维、从具象到抽象的思维与形体的变化是连动性思维的主要特点。

5. 虚构性思维

实施创意思维中的“虚构”手法时，设计师需要在保持对客观事物深入理解的基础上，充分调动想象力，对事物进行主观解读，通过形象的塑造，将抽象的理念具象化，形成独特的创意思维路径。虚构性思维方式广泛地渗透于古往今来的文学作品中。以经典故事《梁山伯与祝英台》为例，其中的“化蝶”情节便是虚构性思维方式有效运用的体现，它深刻地展示了至死不渝的纯真爱情。想象力的充分运用能够帮助人们打破既有的思维框架，以全新的视角审视世界，拓宽思维领域，激发创造性思维的火花。通过虚构性思维，设计师不仅能够深化对事物的理解，还能在设计的过程中赋予产品独特的艺术魅力和生命力。虚构性思维中的创造性想象以记忆想象为基石，它允许意象的随意排列组合，将那些原本不相干的事物，通过观念的巧妙连接，组合成崭新的形象，它是在系统模式和网状模式的基础上，发挥个人的潜在创造力对概念联想进行创造的想象，包含了随机联想模式，是可控制的，其具有清晰的功能目标，以强烈的创作欲望和需求为推动力。

每个人都会有能力发掘那些看似风马牛不相及、错综复杂、外表大相径庭的对象间潜藏的共通性，进而在思维的广阔天地中将这两个对象相互关联。毕加索说过，艺术家必须懂得如何让人们相信虚构中的真实。[①] 这是因为真实的艺术并不等同于生活实际，艺术是对生活的高度凝练。尽管虚构的事物和情节不同于现实，但它却能以更深入和全面的方式揭示现实的本质。

以假设为前提，虚构在客观形象上以形变为基础，可以使产品意义得到升华。虚构可以从观念切入创意，并且通过视觉元素之间的相融来设计产品。创意不只追求生活的真实性，更可以通过形态的特征、特性或状态的嫁接，产生更具感染力的形象，从而更好、更有力度地传达信息。虚构的图形可对现实中的形象进行局部的变化处理，使其变化规律形成秩序，使图形在形象上更具冲击力，在含义上更含蓄。

6. 综合性思维

在文创产品设计过程中，综合性思维扮演着举足轻重的角色。这种思维方式鼓励设计师从广阔的宇宙中汲取灵感，对各种元素进行深思熟虑的综合考量。这种思考方式融合了抽象和具象思维的优点，使设计师能够形成更广泛的联想，同时对各种元素进行合理的排列组合。通过这种方式，设计师可以强化具体的形象，发展出新颖的想法，发掘出事物之间的全新联系。创意元素虽然源于万物，但它们并不局限于具体的事物形态或概念中。相反，这些元素能够超越物质的界限，让设计师的想象力得到充分的发挥。当设计师深入挖掘并充分利用这些创意元素时，他们的设计作品将会具有更大的魅力。例如，在海报的图形创意设计中，设计师巧妙运用综合性思维，将看似不相关的元素融合在一个独特的视觉空间内，这种跨时空的创意使得海报的主题得以生动展现。

---

① 方卫，易西多. 平面设计［M］. 武汉：湖北美术出版社，2005.

设计师运用独立而单纯的图形语言将复杂的信息内容以简洁、直观的方式传达给观众，不仅使得信息更容易被识别，还赋予了信息独特的艺术魅力。这种创意，不仅给人们带来了新颖的视觉体验，更在无形中激发了人们的情感共鸣，传递出了信息深层次的意趣。这种设计手法不仅体现了现代传播的高效性，也展现了现代图形设计的独特风格，为文创产品注入了新的活力。因此，设计师倘若能够立足于自身专业领域，汲取其他艺术流派，以及相关与非相关学科的灵感，彼此激发，拓宽视野，那么他们定能创造出优秀的文创产品。这样的设计师不局限于自身的知识范畴，勇于跨界融合，其通过多元化的思维碰撞，为文创产品设计注入了新的生命力。

（二）思维拓展的基本手段

1. 脑力激荡法

脑力激荡法又称智力激励法，它的发明者是现代创造学的奠基人——美国学者阿历克斯·奥斯本，其于 1938 年首次提出了脑力激荡法的概念。原本，这个词是用来描述精神病人在短时间内出现的思维混乱现象的，在某种状态下，精神病人会产生庞杂的无序思维。然而，奥斯本却赋予了这个概念新的含义，用来形容人们思维突破固有逻辑，创造大量创新想法的状态。

脑力激荡法的精髓在于激发人的思维，使人们的各种想法在相互交流中迸发出新的火花。这种方法可以细分为直接脑力激荡和质疑脑力激荡，前者主要是依赖专家团队的集体智慧，通过激发创造性，使设计师尽可能产生多的想法和方案；而后者则是对前者产生的想法和方案进行一一评估，以检验想法和方案在实际应用中的可行性和实用性。这是一种高效的集体创意开发方法。

2. 类比法

在认知与创新的交汇点上，类比法扮演着一个至关重要的角色。类比法是一种独特的思考方式，人们通过类比，可以发现不同事物间的共同点，进而推测出它们在其他方面可能存在的关联。类比法是一种富有创造性的思考方法，它的核心价值在于从差异中寻求共性或从共性中挖掘差异。这种思维方式有助于人们打破常规，拥有新的想法和见解。在探索未知领域时，类比法可帮助人们与事物建立新的联系，生成创新性的观点。在人类探索并改造世界的历程中，类比法发挥了举足轻重的作用。事实上，许多科学突破、艺术创作都得益于类比法的运用。

在千百年的历史进程中，人们约定俗成了许多特有的符号形式，将抽象的概念视觉化、直观化。例如，鸽子象征和平、圆形象征圆满等，可以说这些符号是独立于文字语言以外的、人们共同认可的、带有一定通用性的视觉语言。

第三节　传统文化在文创产品开发设计中的创意转化

一、文创产品开发的驱动力

（一）区域文化驱动力

区域文化是一个多维度的概念，涵盖了地理、历史、民俗、艺术和生活方式等多个层面。在广义上，它反映了某一区域独特的地理状况和该区域人民的思想意识形态。而在狭义上，区域文化指的是在历史的长河中，某一区域逐渐积淀并形成的独特文化特征。这些特征体现在民俗节日、建筑风格、艺术表现（包含体育、音乐、服饰等）及当地人的生活方式中。区域文化的特性与当地的自然环境、人文思想相互作用，演化出了极具地域特色的文化体系。这种文化体系不仅体现了该区域人民的物质活动和精神追求，也展现了其与其他区域文化的差异。因此，区域文化不仅是该区域人民活动的总和，更是推动区域发展的核心力量。

1. 文创产品的定位

在开发文创产品时，最先需要关注的是市场定位。市场调查是确定文创产品市场定位的关键步骤，可以帮助设计师确定目标消费者、当前行业发展情况及未来发展趋势。根据地域区分，消费者大致可分为本地消费者和外地消费者两大类。通过对产品的外观和功能的改良，再结合本地消费者对本土文化的眷恋，融合区域文化，设计师设计出来的产品会更容易引起本地消费者的情感共鸣，继而形成购买力，消费者的持续购买意愿在此情况下会逐渐增强，区域经济效益长期可观。与此同时，外地消费者对于文创产品的兴趣往往来自对异地文化的好奇和探索，他们可能通过门店或线上渠道接触到这些产品，并当作旅行纪念品或礼物进行购买。鉴于此，文创产品可以通过当下流行的各种线上线下渠道，大力展现区域文化的独特魅力，吸引外地消费者的目光。

随着生产力的持续提升和经济环境的开放，有区域民族特色的文创产业如春笋般快速成长起来，但从总体上看其尚处于起步阶段，缺乏有效的协调方案和系统的发展规划，这就导致各地文创产品同质化现象越发明显。为了在众多文创品牌中独树一帜，结合区域文化成了不二之选。事实上，已有不少的文创品牌正为此而努力，但也有一些文创品牌仍停留在表面，仅仅是将自己所在区域的区域文化元素机械地融合到产品之上。

在定位文创产品时，首要考虑的是其外观和功能的吸引力与实用性。为了实现这一点，设计师就需要对区域文化元素进行精心提炼，并在此基础上进行创新设计。此外，情感体验也是文创产品不可或缺的一部分。设计师可以巧妙地将区域文化所蕴含的人文情怀与消费者的内心感情相连接，使二者之间形成一个可供情感交流的桥梁，增强消费者与品牌之间的互动和联系。在这一过程中，特别要注意突出区域文化的独特魅力，降低文创产品的商业气息，使得文创产品更加接近老百姓的日常生活，满足他们对文化与情感的需求。

2. 文创产品的设计

在文创产品设计过程中，设计师在确保其功能完备的同时，美感和文化元素的融入同样至关重要。根据种类的不同，文创产品可以大致分为原生态产品（如玉石、标本等）、手工艺产品（如刺绣、根雕、瓷上绘画等）及艺术衍生品（可以再利用的艺术作品）。而在用途方面，文创产品则涵盖了办公用品、生活用品，以及线上自媒体内容，如表情包、壁纸等。在文创产品的图形纹样设计上，设计师可以从区域的建筑特征、民俗特点、特有工具、服饰和配饰中汲取灵感，同时结合地方传说、人物风景等，将地域符号具象化。另外，将区域文化展示给广大消费者的方式也应该是灵活多样的，可以是手绘插画、现代雕塑，也可以是文化传承、古法再现等。

在文创产品的设计中，对于区域文化元素的利用可以通过以下步骤来实现。首先，系统搜集、梳理和提取当地特有的文化素材。其次，运用形式美学的原理，将这些资料转化为具有视觉表现力的元素。最后，将这些元素巧妙地融入文创产品的设计之中，以展现该区域文化的独特魅力。这种融合既可以直接体现在产品的外观或功能上，也可以通过隐喻或象征的方式间接表达。通过这种方式，设计师可以让文创产品成为艺术品，还可以成为地域文化的传播者和传承者。

经过创新，文创产品能够打造出引人注目的“热门产品”，如故宫文创系列中的彩妆产品。这类产品不仅调动了年轻人的消费热情，更在无形中引导他们接触和了解历史文化。这种做法不仅紧跟时代步伐，还巧妙地将充满现代感的文创产品与悠久的历史文化内涵相结合，既促进了文化的有效传播，也促进了区域经济效益的提升。通过这种方式，文创产品成功地在现代与传统之间搭建了桥梁，实现了文化的有效传承与产品商业价值的提升。

3. 文创产品的意义

文创产品有经济和社会两方面的意义，而文创品牌的发展有利于传播区域文化，也能打造区域形象，促进区域经济发展。

（1）传播区域文化

区域要想构建一个文创品牌，势必要以区域文化为坚实的基础。文化虽然是一种宽泛而抽象的概念，但它可以被文创产品生动地展示出来。当文创产品融合了独特的区域特色，展现出精美的设计，并且具有实用性时，它们就能吸引大量消费者的目光。随着这些文创产品被购买与使用，其不但会成为人们日常生活中不可或缺的一部分，还可以将本地域的文化传入千家万户，使地域文化得到广泛的传播。

（2）打造区域形象

在不同区域的景点中，人们常常能够看到各式各样的文创产品，如果这些文创产品缺乏创新和特色，同质化现象严重，就很难引起消费者的消费欲望。然而，一旦消费者形成购买力，无论是自己使用还是赠送他人，都是对当地文化的一种宣传与认可，对积极塑造独特的区域形象起到了一定的作用。此外，这些产品也能作为一种文化交流的媒介，帮助人们更好地了解和欣赏不同区域文化的特色。

（3）促进区域经济发展

深入探究区域文化不仅能提高文创品牌的辨识度和知名度，还能吸引更多的人才参与文创产品的开发，进而创造出更多的就业岗位。同时，优秀的文创产品也能为当地文化部门带来显著的经济收益。如今，人们注重精神生活，有着巨大的文化需求，并且其增长趋势日益明显。基于此，文创产品因兼具实用性和审美价值而备受欢迎，有效推动了区域经济收益的增加。

（二）非物质文化遗产驱动力

随着经济全球化浪潮的推进，世界各国文化相互交融，共同构建了一个多元化的文化格局。在这个大背景下，中西方文化之间的交流日益频繁，还催生了经济的繁荣。以好莱坞电影为例，它已经成为美国文化经济的重要支柱，每年都为美国带来巨大的经济收入。中国具有悠久的文化底蕴，是世界四大文明古国中唯一一个文明没有中断过的国家。随着国际局势的不断变化，我国明确了建成文化强国的战略目标。在这一战略目标指引下，我国的相关经济指标迅猛地增长，成果喜人。特别是文创产品，其凭借独特的文化内涵和浓郁的民族风格，赢得了全球人民的喜爱。这些产品不仅展示了我国的文化魅力，还为传统文化的保护和传承注入了新的活力。

随着人类社会的发展，人类进步的脚步体现在科技与文化的双重提升之上。在物质条件日益改善的同时，人类精神文化层面的需求也日渐增加。在我国五千年的历史长河中，中华儿女创造出了多个类型的文化，包括民间文学、传统音乐、传统医药、民俗等。这些经过历史风雨的洗礼与筛选，得以传承至今的非物质文化遗产，不仅承载着国家深厚的历史文化底蕴，还体现了我国各民族的精神和文化特色。这些非物质文化遗产是我国宝贵的精神财富，为国家的繁荣与发展注入了源源不断的动力。

民族文化的独特性与民族思维的丰富性，在非物质文化遗产中得到了淋漓尽致的体现。这些珍贵的非物质文化遗产不仅代表了中华优秀传统文化的精髓，更是全人类的瑰宝，蕴含着丰富的历史意义和人文艺术价值。在文创产品的开发中，融入非物质文化遗产的元素，能够使消费者在使用产品的过程中，深刻感受到其中所蕴含着的民族思想和深厚的文化底蕴。这样的设计不仅有助于宣传和弘扬非物质文化，更能让中华优秀传统文化与时俱进，焕发出勃勃生机与活力。

1. 非物质文化遗产与文创产品之间的关系

（1）非物质文化遗产是文创产品设计的灵感来源

中国是一个历史悠久的国家，拥有丰富的非物质文化遗产。通过将非物质文化遗产元素融入文创产品的设计中，设计师可以创造出具有高辨识度和品牌效应的文创产品。非物质文化遗产不仅丰富了文创产品的设计素材，还为设计师提供了新的创作思路和灵感。

（2）文创产品承载着非物质文化遗产的内涵

文创产品具有具体的外观形象，一般以实体的形式出现在大众面前。以非物质文化遗产为基础的文创产品设计，其关键在于将那些无形的文化遗产转化为有形的产品，进而具体展现其文化内核，传递其文化价值。在非物质文化遗产文创产品的设计过程中，设计师需要结合创新的设计理念，挖掘非物质文化遗产的独特之处并将其转化为具有市场潜力的产品。这样的文创产品不仅与当前人们的审美观念相吻合，还能承载和传达非物质文化遗产的深厚内涵。

2. 基于非物质文化遗产的文创产品开发

（1）开发的原则

基于非物质文化遗产的文创产品开发是将小众的文化转变成大众化的产品，不但要传承非物质文化遗产的文化内涵，还要与现代创意结合起来，将非物质文化遗产以一种更平易近人的方式呈现在人们日常的工作、生活之中，从而使非物质文化遗产的文创产品在激烈的市场竞争中占据一席之地。这就要求相关产品的开发应当遵循基本原则，这些原则具体而言就是文化性、创新性、体验性、传承性及地域性。

（2）开发的方法

在对非物质文化遗产文创产品进行开发时，相关人员必须认识到，这一过程远非将非物质文化遗产元素与实物产品放在一起那么简单。相反，它要求采取一种“量身开发”的策略。中国作为一个文化大国，非物质文化遗产项目浩如烟海，每一个项目都蕴藏着丰富的文化内涵和创意资源。因此，相关人员必须对每一个具体的非物质文化遗产项目进行细致的分析和研究。

①保持传统工艺与材料。非物质文化遗产的传承者倾向于使用自然的材料和原生态的元素进行文化传承载体的制作。然而，随着科技的进步，许多传统工艺逐渐被机械化的生产方式替代。尽管如此，有些技艺或拥有特定环节的传统手艺和材料的独特美感还是无法被替代的。所以，以非物质文化遗产为基础的手工艺文创产品必须坚守纯手工打造，坚持使用传统技艺，保持最为宝贵的那份人文情怀。手工艺文创产品蕴含着匠人的情感和温度，每一件都是独一无二的。以刺绣为例，手工刺绣的美是机器绣花远不能及的，技艺高超的绣娘能够将一根真丝线破成细如毫发的数十根，这是机器难以达到的精致；还有浙江安吉竹编、四川青神竹编等，也离不开手工技艺的使用。当前，手工艺文创产品在追求产品的标准化和量产速度方面面临着不小的挑战，但通过借鉴传统的分工协作模式，人们可以有效地解决这一问题。在我国源远流长的手工艺发展历程中，所谓的手工“流水线”生产方式早已得到广泛应用。在这种模式下，手工艺人各自精通不同的制作环节，通过协同合作来完成整个产品的制作。以北京灯彩为例，其生产流程中每个环节的技艺都由一位师傅熟练掌握。他们相互协作，确保了产品的品质和制作速度。这种分工协作的方式不仅提高了生产效率，还提高了每个生产环节精细度。

②提炼传统图案与造型。中国传统文化中的图案是民间艺术和文化信仰的体

现，为文创产品提供了丰富的可选取的元素。设计师常常将这些具有视觉冲击力的经典图案应用于产品设计中，以创造出独特而富有意义的文创产品。蓝印花布上的图案是中国传统文化中的一种经典图案，它以对称的图案和寓意着生生不息的意象而闻名。这种图案常常被用来设计家居用品、服装和饰品等。蓝印花布的图案通常由几何形状、植物纹样和动物形象组成，每一种图案都有其独特的寓意，如象征“子孙满堂，福泽绵长”的石榴与鱼，以及体现“青梅竹马，情深意长”的梅竹图等，这些都是中国非物质文化遗产中的“璀璨明珠”，它们既展示了中国传统文化的深厚底蕴，又体现了中国人乐观向上的生活态度和对美好生活的热切向往。

③创新材料或设计造型。文创产品在弘扬和传承中华传统文化的同时，还起到了推动文化旅游业和文化创意产业发展的重要作用。在开发文创产品时必须保存非物质文化遗产的内核，对其使用的材料和设计造型进行创新，以提高生产效率并保持其文化价值。一个典型的例子是“唐娃娃”，它源自北京绢人的传统工艺。传统的绢人手工艺品制作起来较为烦琐，且体积较大，不便于携带。为了解决这个问题，唐娃娃采用了较轻便的树脂或塑料材质进行了替代，减小了体积，使其更加便于携带。这一创新不仅保留了非物质文化遗产的核心元素，还使得唐娃娃更加适合现代消费者的需求。

④体验手工制作。文创产品以其独特的形式，将传统文化与现代创意完美结合。它们不仅仅是简单的产品，更是传递文化信息的一种载体。其具有双重魅力，人们可以从两个方面探索其魅力：一是对成品的欣赏，二是亲身体验。通过对成品和材料包的了解，消费者有机会深入了解非物质文化遗产，从而更加珍视和保护这一宝贵的文化遗产。为了更好地让消费者参与到制作过程中，文创产品在材料包的设计中为消费者提供了详细的材料清单和制作教程。这样一来，消费者不仅能够欣赏精美的成品，还能在制作过程中亲身感受到非物质文化遗产的独特魅力，继而增强对非物质文化遗产的了解程度和珍视感。

⑤借助互联网的力量。《“互联网＋中华文明”三年行动计划》的出台旨在指导企业借助互联网，为文创产品的创新与营销注入新的活力。当今社会科学技术飞速进步，互联网已经渗透到人们生活和工作的方方面面，并起到了至关重要的作用。文创产品作为传统文化的新载体，有着传承与弘扬优秀文化的使命。所以，人们要充分利用当前互联网技术和科技发展的巨大优势，通过探索和创新实现文化和现代科技的融合发展。这不仅能扩大非物质文化遗产的传播范围，还能为其注入新的生命力。建设“互联网＋文创产品”的模式，对于传承和弘扬中华

优秀传统文化具有较大现实意义。传统的文创产品开发方式受限于其收集反馈的渠道，难以广泛吸纳社会各界的意见和建议。然而，互联网的融入为这一领域带来了革命性的改变。通过网络平台，设计师能够与潜在的消费者建立即时、广泛的沟通与交流，从而更精准地把握市场需求，开发出更具时代特色的文创产品。在推广文创产品时，人们可以采取“线上＋线下”的多元化策略。线下方面，人们可借助旅游景区、书店、博物馆等实体场所，将非物质文化遗产具体、生动地呈现给公众，使其更加贴近人们的生活。而在线上，人们则可以利用小程序、公众号等平台，广泛传播相关的文化，提升文创产品的文化价值。此外，人们还可以借助网络平台，通过当下流行的“直播带货”等多种形式，为消费者提供采买渠道，使消费者在购物的同时感受到独特的文化魅力，从而进一步提升文创产品的热度，提高其影响力。

二、传统文化的创意转化

（一）汉字元素的应用与设计

汉字作为传统文化的重要载体，自古以来便在我国历史中占据了举足轻重的地位。它不仅是文化的传承者，更是历史的见证者。对于文创产品设计而言，汉字元素是不可或缺的。其独特的外形特征能够吸引人们的目光，若运用在文创产品中，便是文创产品的亮点。在文创产品设计中，设计师可以巧妙地运用“字”的整体造型，进行富有创意的设计。这种设计方式可以应用于多个领域，充分展现汉字的渗透性和延展性。同时，汉字元素可以增加文创产品的文化内涵，使其更具艺术性和独特性。

1. 汉字创意设计概述

（1）概念由来

文字作为一种表达语言信息的符号，不仅仅是人们向他人传递思想并与他人沟通的桥梁，它还能营造出独特的审美氛围，引发读者的情感共鸣。汉字作为汉语的书面表现形式，具有独特的图画性特征，所以我国的汉字也被称为“方块字”。汉字不仅反映了中华民族传统的思维方式和审美观念，还蕴含着丰富的文化内涵。汉字对中华民族有着无可替代的重要意义，所以在文化创意产业中，设计师对于汉字的设计显得尤为重要。优秀的设计可以使文创产品与人民群众产生共鸣，提升人们的民族文化自信。这种设计是基于汉字文化的，设计师通过对汉字内涵、结构，以及外形的深入探究与延伸，采取恰如其分的设计，以外观形态变化激发人们联想，以此可以使文创产品蕴含更为深厚的文化内涵，从而使汉字文化得到更广泛的弘扬。

（2）历史由来

汉字作为世界上最古老且直到目前使用人数最多的文字，拥有上千年的发展历史。它不仅是一种文字，更是一种艺术形式，对世界文化产生了深远的影响。汉字的发展过程反映了我国社会文化和审美的演变过程，从甲骨文到楷书，每种字体都独具特色，构成了中国的民族文化。汉字美学有五大要素：神、气、骨、肉、血。这五大要素是汉字美学的核心，也是汉字艺术的灵魂。神，指的是汉字的精神内涵，它体现了汉字的内在生命力；气，指的是汉字的气息，它体现了汉字的动态美；骨，指的是汉字的结构，它体现了汉字的形态美；肉，指的是汉字的笔画，它体现了汉字的线条美；血，指的是汉字的色彩，它体现了汉字的色彩美。现代汉字创意设计需要结合传统书法和印刷技术，掌握笔画规则和美学特性，以使其与文创产品设计相结合。现代汉字创意设计不仅要保持汉字的传统美学特性，还要融入现代元素，使其既有传统韵味，又具有现代感。

2. 汉字创意设计的美学价值

（1）塑造特定的艺术形象

在汉字创意设计中，设计师必须在选择字体时进行深思熟虑。这是因为各种字体都独具特色，适用的情境和传达的信息也各不相同。楷书对字形有着极高的要求，因此，它特别适用于庄重而严谨的氛围；而行书则以其独特的视觉表现力展现出了一定的艺术特点，带给人们一种酣畅淋漓的流畅感；隶书的字形扁长，笔画中透露着“峰回路转”的意境，展现出一种“侠风道骨”的风格；至于篆书，其字形以瘦长为明显特征，是最接近象形文字的一类书法，与现代社会有一定的距离感，但也别具趣味。因此，不同的汉字书体都有其独特的魅力。在文创产品设计中，巧妙地融合不同书体的魅力，可以营造出丰富多样的艺术情境，从而使人们身心愉悦，同时，这也是对汉字深厚文化底蕴的一种有效传承和展示。

（2）增加产品的信息含量

汉字创意设计是一种独特的创作形式，它巧妙地将艺术与信息传递结合在了一起。这种设计方式充分利用了文字的表意功能，从而增强了产品的信息含量，帮助设计师更加完整、准确地表达他们的意图和想法。汉字的可识别性使得它在文创产品设计中具有进一步解释说明的功能。这种特性不仅增强了产品的信息传递能力，也扩大了受众范围，使得更多的人能够理解和接受设计师的意图。文创品牌“字在”的新产品“文化茶”就是一个很好的例子。这款产品将普洱茶压制成汉字笔画的形状，让消费者在品茶的同时，通过联想和拼凑笔画，组合汉字，研究“文字化成茶”的过程。这种创新的设计方式不仅让消费者在品茶的过程中感受到了趣味性，也让他们在享受茶香的同时，感受到了汉字的魅力，体验到了汉字创意设计的独特性。

（3）传承历史文化

在博大精深的中华文化中，汉字与神话、社会变迁、种族迁移等紧密相连，它是中华民族历经千年沧桑而依然璀璨的文化的独特载体。设计师能够从中获取无尽的灵感，也可以将其与现代文创产品设计相结合，使古老的文明内核得以延续。汉字历经千年而不衰，这充分证明了它不仅在信息传递上发挥着不可或缺的作用，更在激发人们的文化认同感上产生了深远的影响。对汉字的设计不仅能够满足人们对文字美学的情感追求，还能推动文化消费升级，为我国的文创产业注入新的活力，促使其迈向更好的未来。

3. 汉字创意设计的基本原则

（1）要具备可识别性

在文创产品设计领域，汉字元素的运用是一个相当重要的环节。它不仅需要设计师考虑设计的视觉效果，更需要设计师确保信息的有效传递，以及对汉字本身所蕴含的意义的尊重。设计的过程中，设计师必须保持汉字的可识别性，这样才能让消费者理解产品所要传达的信息。在设计策略上，设计师常常会采用对称和均衡的方法。这种方法主要是通过文字元素在横纵方向的对应，以及整体设计的和谐统一，来达到设计的目标。

设计风格的明确是文创产品设计重要的环节，它直接影响了品牌的识别度和消费者的感知力。简洁明朗的设计风格不仅能够提高品牌的可识别性，而且在传达产品特色和塑造品牌形象方面也发挥着至关重要的作用。在中国，酒类商品往往采用汉字创意设计，这不仅体现了产品的历史和文化内涵，而且增强了消费者对品牌的认同感，传达出其深厚的文化底蕴和高端的品牌形象。中信书店的品牌标识通过独特的文字排版，将“中”与“书”的繁体“書”的那一竖连接起来，不仅提升了自身的品牌形象，还强化了其作为文化传播者的品牌定位。这种创新的设计理念使得中信书店在众多书店中脱颖而出，为消费者提供了独特的购书体验，同时也增加了消费者对品牌文化特色的认同感。

（2）要具备可协调性

在艺术设计领域，汉字作为一种特殊的元素，其应用不应局限于核心设计内容。相反，为了实现设计的整体目标和效果，汉字需要与其他设计元素，如色彩、图形、材质和构型等进行协调和融合，以展现出设计的可协调性和整体性。汉字在艺术设计领域中的功能是丰富多样的。然而，在当前的设计实践中，汉字的应用往往过度依赖书法创作，忽视了设计，使得汉字在设计中的潜力没有得到充分发挥。

随着数字技术和多媒体技术的不断发展，文创产品设计的表现形式变得越来越丰富，文创产品的制作过程也变得越来越复杂，甚至需要依仗一支由多学科背景专家组成的团队共同协作完成。在这样的背景下，未来的汉字创意设计势必要具备更高的协同性，要通过科学、规范的流程，来确保产品品质的提升。

4. 文创产品中汉字设计的审美特征

（1）力量美

汉字书法艺术自汉代逐步进入成熟期，那时的书法家热衷于“瘦却有神”的书写风格。随着时代的演进，到了唐代，开放包容的社会氛围使书写风格转向了“浑圆写意”。尽管风格变迁，但书法对“力”的执着始终贯穿其中，始终如一，每一笔都在展示着笔画的粗细、浓淡与轻重的精妙变化。透过这些字迹，后人能窥见当时书法家在挥毫落笔时的自如与潇洒，这种收放自如、亦静亦动的美感正是汉字艺术的独特魅力所在。正如晋代书法家卫铄在《笔阵图》中所说，下笔点画波撇屈曲，皆须尽一身之力而送之。[①] 汉字中的力量美对现代设计师有很深的影响。尽管汉字创意设计主要应用于平面设计领域，其图形表现力可能无法与绘画相媲美，但它通过对字体和结构的巧妙运用，依然能够展现出独特的美感。

从实用主义视角来看，汉字所蕴含的力与美体现在运笔挥毫之间。要想在文创产品设计中传递这种独特的美，设计师就必须精心策划，以汉字的书写技巧为核心进行设计构思。汉字的书写技巧要求为：精准而流畅，笔锋圆润而饱满，同时又不失入木三分的力量。这种力度的体现，不仅彰显了书写者的个性与风骨，更表现了古人对于力量美的追求。若要实现对笔力的传承，设计师就必须精作深耕，深入探究中国古文字的美学内涵，并通过现代的材料和科技手段进行再创造。

（2）结构美

汉字的形态结构丰富多彩，包括包围、左右、上下等多种形式，每种结构都

① 默然. 翰墨文渊：中国历代书法艺术成就与时代文化［M］. 北京：中国书籍出版社，2022.

能展现出其特有的美感。独体结构的字给人以精炼简洁的形态美，令人印象深刻；品字结构的字分为上下两个部分，重心在下部，呈现出三角结构，给人稳定坚实的感觉；左右结构的字通过横向排列，巧妙地将主体凸显出来，体现了古人的艺术匠心；全包围结构的字一般为方正的造型，展现出板正的美感；而半包围结构的字因未被全部封闭，兼顾了汉字圆润且方正的特点；上下结构的字视觉焦点灵活多变，结构感很强，有独特的魅力。设计师可以巧妙运用汉字的这些结构特点，创造出既符合汉字美学原则又具有创新性的产品。孙过庭在《书谱》中说，至如初学分布，但求平正。[①] 总体来说，汉字的核心在于均衡平正，同样这也是文创产品设计的基本准则。汉字的结构虽然独立，但也相互关联，是一个连贯的整体。以西安的某品牌为例，他们利用汉代十六字方砖，创作出了一系列的文创产品。这些产品匠心独具，每个汉字都被巧妙地安排在方框之内。其中，上下结构的“皆”字，通过调整零件的大小，巧妙地营造出了远近感，使得整个字看起来更加生动立体。而独体字“臣”则以其简约凝练的形态，将汉字的结构美感完美呈现。这些纪念品不仅让人领略到了汉字的独特魅力，也体现了设计师的巧思妙想。

（3）意象美

中国汉字最初的形态可以追溯到古代的图画，这些图画主要用于记录当时的生产劳动场景。随着时间的推移，这些图画逐渐演化，形成了象形文字，这是中国最早的文字形式。而汉字历过较长时间的演变，从最初的象形文字，逐渐转变成了更为抽象的符号，但在这个过程中，其原始的图形特征始终被保留下来。在古代文学作品中，意象这一元素扮演着至关重要的角色，它不仅承载着文人的情感，更是传递其作品深层意蕴的载体。与此相似，现代汉字创意设计也注重意象的表达，其目的是与消费者产生情感上的共鸣，进而构建一种独特的东方之美。汉字本身就是一个深邃的意象。设计师在进行汉字创意设计时，会深入思考每一个字形背后的故事和意义，同时借鉴古代书法的技法和风格，以此来展现汉字的独特审美价值。这种审美价值不仅仅体现了汉字的魅力，更深层次地反映了中华民族对于情景交融、意境深远的追求。例如，北京奥运会的标识设计。在这个设计中，设计师将“京”字拟人化，将其设计成了一个奔跑的人形，这不仅体现了奥运精神，也展示了汉字的意象美。这个设计充分展示了汉字创意设计的价值，同时也证明了设计师可以通过挖掘汉字的意象美，利用字形来传达特定的信息。在内蒙古的一个乳制品品牌设计中，设计师利用甲骨文中的“女”字，加上两点，

---

① 祝嘉. 祝嘉书学论著全集. 书法理论. 下［M］. 苏州：苏州大学出版社，2021.

形成了“母”字，以此来赞美母亲这个形象。这个设计展示了汉字创意设计的独特魅力。

（二）博物馆元素的提取与应用

重塑博物馆文创产品的视觉设计元素的根本目的是激发大众的情感共鸣，深植历史文化根基，并启发设计师对传统文化的创新思考。为了实现这一目标，设计师需要精心策划，确保每个元素都能与大众建立深厚的情感联系，同时反映出深厚的历史文化底蕴。通过巧妙运用视觉设计元素，设计师可赋予博物馆文创产品更丰富的文化内涵，使之成为连接过去与未来的桥梁。

1. 博物馆自身元素

文创设计的核心在于符号，它们不仅是人类与文化之间的桥梁，也是文化表达和传播的重要工具。苏州博物馆的建筑作为一种独特的符号，已经深深扎根于人们的心中。受到这种建筑风格的启发，苏州博物馆推出了一款设计独特的建筑风格钥匙扣，虽然这款钥匙扣是对博物馆建筑形象的再现，但它只利用了简洁的几何图形就勾勒出了建筑物的轮廓。这款钥匙扣的设计融合了“中而新、苏而新”的创新理念，将传统与现代、苏州特色与现代设计相结合。这种结合不仅保留了苏州风貌的精神内涵，还使得消费者在欣赏钥匙扣的同时，能够感受到该博物馆建筑的魅力。

2. 馆藏文物元素

博物馆的文物不仅仅是其特色的体现，更是视觉设计的核心元素。博物馆的每一件文物都承载着丰富的文化和历史价值，这些价值通过与文物相关的设计元素得以展现。因此，在设计过程中，设计师要特别关注文物的造型、纹理、颜色和材质等，深入理解其历史文化内涵。在国内，对于小型博物馆来说，由于馆藏资源相对有限，有效地深入研究和提取文物中的核心元素对于提升资源的使用效率至关重要。

3. 地域文化元素

地域文化与博物馆紧密相连，其丰富的民族元素和名人故事为博物馆增添了独特魅力，这些充满神秘色彩的异域风情，使得具有地方特色的博物馆成了游客竞相游览的热门景点。在收集设计元素过程中，设计师可以深入挖掘地域文化的内涵，提炼出具有代表性的视觉元素，如民族服饰上的图案、传统建筑中的装饰纹样等。这些元素既具有独特的美学价值，又能反映地方文化的独特性。设计师若将这些元素巧妙地融入文创产品设计中，就可以使产品更具地方特色和文化底蕴，同时也能激发消费者对地域文化的兴趣和好奇心。

（三）民间工艺元素的应用

1. 中国传统手工艺概述

中国，作为世界的文化巨擘，拥有着丰富多彩的文化瑰宝。历经千年的沉淀与积累，这些瑰宝已经汇聚成了底蕴深厚的文化体系。传统手工艺，这一独具时代特征的艺术形式，就是这些瑰宝中的一颗璀璨的明珠，其起源于工业发展初期，当时，人们运用手工技艺，通过多样化的工具和加工手段，赋予单一或多种材料新的形态和美感。

传统手工艺的发展历程可划分为三个阶段。在原始社会，人们利用自然材料创造出了各种生产和生活中能用到的工具，这标志着人类手工艺的开端。随着农耕文明的出现，传统手工艺逐渐融入人们的日常生活和经济生产中，成了社会的重要组成部分。而在从近代到现代的转变过程中，传统手工艺受到了前所未有的关注。它不仅是一种实用技艺，也是一种传播文化的媒介，其充分展示了宫廷工艺与民间工艺的实用价值和魅力。在不同的历史阶段，传统手工艺都承载着记录社会变革和传承工艺技术的重要使命，对人类物质文明和精神文明的建设产生了深远影响。

中国各地的传统手工艺在地理环境、社会风貌等多重因素的综合影响下，展现出了丰富多彩的地方特色。这些手工艺不仅代表了中国人民的智慧和创造力，还是中华民族传统文化的重要组成部分，具有较高的历史和文化价值。它们在时间的长河中形成了众多流派和品类，每一种都独具魅力。因此，按照不同的分类标准，中国传统手工艺可以被划分为多个类别。

2. 中国传统手工艺的艺术特点

（1）传统手工艺的民族性

中国传统手工艺历经数千年的发展，成了我国传统文化的瑰宝。传统手工艺不仅体现了不同历史时期民族、地方的文化特色，还凝聚了中华民族五千年的智慧与创造力。从时间维度来看，传统手工艺像是一部历史长卷，记录着各个时期的社会风貌和文化底蕴；而从空间维度来看，它则像是一幅五彩斑斓的地图，展现了中华大地上五十六个民族的文化。

中国传统手工艺作品是勤劳朴实的劳动人民对美好生活的憧憬与追求。这些作品往往蕴含着浓厚的乡土文化和真挚的乡土情感，远离了浮夸与虚饰。举例来说，春节时家家户户都会贴上门神和年画，这一传统习俗流传至今，这些门神和年画承载着人们对新年吉祥、避邪迎福的深切期望；同时，那些装饰着传统民族元素的风筝，其设计通常以吉祥和顺的图案为主，进一步体现了人们对美好生活的热切期盼；布老虎作为一种古老的手工艺玩具，以老虎的形象为创作蓝本，常作为新生儿礼物，由老一辈亲手制作并赠送，寓意着对孩子健康成长的深切祝福。这些传统手工艺作品不仅是古代劳动人民真挚情感的体现，更是他们对美好生活的期盼。

传统手工艺与民间文学、戏曲紧密结合，共同呈现出一种独特的文化风貌。以皮影戏和民间戏剧为例，它们作为文化的核心表现形式，不仅蕴含着传统文化的内涵，还散发着浪漫主义的韵味。在这些传统艺术形式中，人们可以看到诸多具有标志性的作品，如民间传说等，它们以丰富多彩的形式展现了当时人们的智慧和创造力。此外，元宵节挂花灯也是人们一直延续至今的一项节日习俗。这一习俗不仅贴近人们的生活，还平添了节日的喜庆气氛。每当节日来临之际，人们便用花灯进行祈福，希望生活越来越美好。这种习俗不仅丰富了人们的文化生活，也传承了中华民族的优秀传统文化。

综上所述，中国传统手工艺独具匠心，拥有鲜明的地域色彩，其蕴含的乡土文化正是人民内在质朴美的真实写照，而鲜明的民族特征则彰显了人民坚韧的民族精神。这两者在有机的融合中共同发展，成了连接各民族情感的重要桥梁，也是劳动人民最真挚、最率真的情感表达方式。这种传统手工艺的魅力不仅在于其精湛的制作技艺，更在于其蕴含的中华民族文化，其承载着丰富的历史和文化内涵。

（2）传统手工艺的传承性

传统手工艺拥有较高的艺术水平，其是全面传承传统文化的载体，人们可以从以下三个方面对其传承性进行理解。

首先，手工艺人有着精湛的技艺。这些技艺源远流长，起源于古老的农耕时代，那时它们已经展现出了巨大的经济和艺术价值。随着时间的推移，这些技艺不断地被传承和发展，不断进行革新。新入门的手工艺人需要在原有技艺的基础上进行改进和创新，以使传统技艺焕发新的生机。然而，传统手工艺的发展并不仅仅是对技艺的传承，其受到了社会风貌和地理环境等诸多因素的干扰，所以传承人要与时俱进，并且不断提升创新能力。

其次，传统手工艺是中国传统文化的重要组成部分，它融合了丰富的文化元素，通过各种文献记录和艺术作品保存和传播文化。这些作品不仅展示了技艺，更是文化的载体，为后人提供了宝贵的历史资料，如《考工记》《天工开物》等。

最后，传统手工艺还具有民族性，体现了中华民族的民族精神和智慧。它通过生活艺术的形式，让世人了解和欣赏本土文化的独特魅力。

（3）传统手工艺的实用性

实用性是传统手工艺延续至今的关键。在现实情况中，一旦手工艺的实用性不复存在，那么它们的生命力也就此终结。究其原因，就要追溯到手工艺的诞生。手工艺品的诞生源于人们的生活需求，而且该需求要求手工艺品具备长期性和耐用性特点。这种耐用性不仅体现在物质层面，更体现在其文化内涵和精神价值上，这使得传统手工艺能够跨越时空，成为连接过去与未来的桥梁。通过不断创新和发展，传统手工艺将继续在文化可持续发展中发挥重要作用，为人类社会的繁荣与进步贡献力量。

参考文献

［1］黎青．非遗保护视角下的文化创意产业扶贫案例研究［M］．湘潭：湘潭大学出版社，2020．

［2］向勇，李凤亮，佘日新．百年文创力：文化创意产业案例集（第1辑）［M］．北京：北京联合出版公司，2012．

［3］尹泓，练红宇．文化产品开发与经营［M］．成都：电子科技大学出版社，2016．

［4］周文军．文创的本质［M］．北京：中国商业出版社，2020．

［5］杨慧子．手工开悟：非遗与文创设计［M］．北京：中国轻工业出版社，2022．

［6］胡钰．文创理论与中华文化创造力［M］．北京：人民出版社，2022．

［7］王丽．特色文化 IP 与文创产品设计［M］．杭州：浙江大学出版社，2021．

［8］张鸶鸶，李敏．文创产品设计实践：闲话镇馆之宝（文化研究篇上下）［M］．成都：四川美术出版社，2020．

［9］胡钰，万宁宁．文创时代的我：清华文创人物访谈录［M］．北京：新华出版社，2020．

［10］赵玉宏．文化创意产业融合发展研究：以北京文创产业为例［M］．北京：经济日报出版社，2018．

［11］李楠．南通地域文化元素在文创产品设计中的应用：以《状元张》文创产品设计为例［J］．西部皮革，2021，43（3）：63-64．

［12］朱喆，张婧．名人纪念馆文创产品设计开发研究：以镇江赛珍珠纪念馆为例［J］．设计，2021，34（2）：127-129．

［13］李刚，宫景政．从“小出版”迈向“大文化”：地方出版社文创产品的开发路径［J］．出版广角，2021（2）：45-47．

［14］任丽芬，樊竹筱．抓准文创契机，促进长效发展：传统出版社文创产品

的设计与运营浅析［J］．出版广角，2021（1）：45–47.

［15］任成元，高蕊．天津“五大道”建筑元素在地域文创产品开发设计中的运用研究［J］．居舍，2021（1）：104–105.

［16］闫起豪．传统村落保护与开发模式下的文创产品设计研究：以北戴河村为例［J］．农村经济与科技，2020，31（24）：230–232.

［17］刘嘉欣，施爱芹．乡村旅游文创产品设计与开发［J］．美术教育研究，2020（24）：70–71.

［18］尹恒．文旅融合视域下旅游文创产品设计与开发策略研究［J］．轻纺工业与技术，2020，49（12）：76–77.

［19］李凌欣，王艳君．“非遗”视野下丰宁滕氏布糊画文创品牌设计策略探析［J］．河北旅游职业学院学报，2020，25（4）：85–91.

［20］张艳．“时代巨婴”文创形象设计及产品开发［J］．艺海，2020（12）：90–91.

［21］王海泉．绥德乡村旅游文创产品设计研究：以“好狮连连”品牌的文创产品设计为例［D］．延安：延安大学，2023.

［22］顾德君．用户参与、知识共创对旅游文创产品创新绩效的影响［D］．杭州：浙江工商大学，2023.

［23］丁杨影．基于江西红色文化的陶瓷文创产品设计研究［D］．景德镇：景德镇陶瓷大学，2022.

［24］王志平．面向河南地域文化特色的博物馆文创产品设计研究［D］．北京：北方工业大学，2022.

［25］刘梦柔．文旅融合背景下河北红色旅游文创产品设计研究［D］．唐山：华北理工大学，2022.

［26］陈威泽．基于场景理论的大运河诗路文化数字文创产品体验设计研究［D］．杭州：浙江工商大学，2022.

［27］贾茹．基于感知价值的博物馆文创产品游客购买意愿研究：以河南博物院文创产品为例［D］．北京：北京第二外国语学院，2022.

［28］钱琰彬．新文创视域下博物馆文创产品设计研究［D］．无锡：江南大学，2021.

［29］许蕾．三星堆博物馆文创产品设计研究［D］．成都：成都大学，2021.

［30］汪慧娴．北京旅游文创产品的设计研究［D］．北京：北京建筑大学，2020.